태양계의 아홉 신화

행성 이야기

영재과학 시리즈 천문학 편의 다른 책으로는
『밤하늘의 선물―별자리 이야기』가 있습니다

태양계의 아홉 신화

행성 이야기

Dot To Dot In The Sky

| 조앤 마리 갤러트 지음 · 승영조 옮김 |

승산

Dot To Dot In The Sky Stories Of The Planets
Copyright ⓒ 2003 by Joan Marie Galat
First published by Whitecap Books, Vancouver/Toronto
Korean translation rights ⓒ 2004 by Seung San Publishers
This edition published by arrangement with Whitecap Books Ltd. through
THE agency, Seoul

이 책의 한국어판 저작권은 THE 에이전시를 통한 Whitecap Books와의 독점계약으로 한국어 판권을 도서출판 승산이 소유합니다. 저작권법에 의하여 한국 내에서 보호를 받는 저작물이므로 무단전재와 복제를 금합니다.

영재과학 시리즈 천문학 편

태양계의 아홉 신화 행성 이야기

1판 1쇄 펴냄 · 2004년 7월 15일	1판 3쇄 펴냄 · 2006년 11월 1일
지은이 · 조앤 마리 갤러트	그린이 · 로나 베넷	옮긴이 · 승영조	감수 · 장헌영
펴낸이 · 황승기	편집 · 이선영	마케팅 · 송선경
펴낸 곳 · 도서출판 승산	출판등록 · 1998. 4. 2 제 16-1639
주소 · 서울특별시 강남구 역삼동 723번지 혜성빌딩 402호
전화 · 02) 568-6111	팩스 · 02) 568-6118
이메일 · books@seungsan.com	웹사이트 · www.seungsan.com
ISBN 89-88907-61-2 74440
ISBN 89-88907-60-4 (세트)

● 잘못 만들어진 책은 친절히 바꿔드리겠습니다.
● 책값은 뒤표지에 있습니다.
● 도서출판 승산은 좋은 책을 만들기 위해 언제나
  독자의 소리에 귀를 기울이고 있습니다.

평생 살아갈 힘을 북돋아 준
엄마와 아빠께 바칩니다.
조앤 마리 갤러트

내면에 깃든 최상의 것을 내게 주어
내 삶을 탈바꿈시킨
학교 선생님들께 바칩니다.
로나 베넷

감 사 말

캐나다 왕립천문학회 회장(1994~1996)을 지낸
앨버타 대학의 명예교수 더글러스 허브와
『밤하늘의 선물-별자리 이야기』에서도
완벽하게 편집을 해 준 엘리자베스 맥린,
아낌없이 도와주신 두 분께 깊이 감사드려요.

차례

어느 것이 행성일까?   9

행성을 보기 위해 필요한 장비: 쌍안경이나 망원경   11

신과 인간   12

수성 – 아폴론과 헤르메스   15

금성 – 아름다움의 여신 아프로디테   20

지구 – 대지의 신 가이아   25

화성 – 전쟁의 신 아레스   28

목성 – 신들의 왕 제우스   32

토성 – 제우스의 아버지 크로노스   37

천왕성 – 하늘의 왕 우라노스   41

해왕성 – 바다의 신 포세이돈   45

명왕성 – 지하세계의 신 하데스   49

행성비교   54

행성찾기   56

낱말풀이   57

찾아보기   60

지은이와 그린이   64

어느 것이 행성일까?

맑은 밤하늘을 바라보면 많은 별들이 반짝이는 모습을 볼 수 있어요. 그 중에는 항성(붙박이별)도 있고, 행성(떠돌이별)도 있지요. 그런데 과연 어느 것이 항성이고 어느 것이 행성일까요? 그것이 만약 행성이라면, 행성 중에서도 어떤 행성일까요? 이런 점은 우리가 조금만 관심을 기울이면 쉽게 알아 낼 수 있어요. 행성들이야말로 우주에서 우리 지구와 가장 가까운 이웃이거든요.

항성(붙박이별)은 붙박인 듯이 항상 같은 별자리를 차지하는 별이에요. 그런데 행성(떠돌이별)은 별자리라는 것 없이 먼 길을 떠도는 것처럼 보인답니다. 그들은 어디를 돌아다닐까요? 바로, 태양 둘레를 돌고 있지요.

태양과 그 둘레를 도는 행성 아홉 개가 모여 우리 태양계를 이루고 있어요. 지구보다 태양에 더 가까이(안쪽에) 있는 행성을 내행성이라 하고, 더 멀리(바깥쪽에) 있는 행성을 외행성이라고 하지요. 내행성은 수성과 금성, 외행성은 화성, 목성, 토성, 천왕성, 해왕성, 명왕성이 있답니다. 행성은 태양 중력에 붙들려서 마치 끈에 매달린 것처럼 태양 둘레를 돌고 있어요. 그렇게 도는 둥그런 길을 궤도라고 해요.

까마득한 옛날에 살던 원시인들도 밤하늘을 쳐다보았을 거예요. 아마 그들도 지구 가까이에 있는 행성 다섯 개를 알아볼 수 있었겠지요. 그건 맨눈으로도 볼 수 있으니까요. 멀리 있는 나머지 세 행성(천왕성, 해왕성, 명왕성)은 망원경이 발명된 후에야 비로소 발견되었답니다.

맨눈으로는 행성이 항성과 거의 똑같아 보여요. 그런데 몇몇 행성은 항성보다 더 밝게 보이지요. 그건 그 행성이 우리 지구와 아주 가까이 있기 때문이랍니다. 별들은 대부분 반짝반짝 빛나며 깜박이는데, 혹시 그러지 않는 별을 본 적이 있나요? 빛이 전혀 흔들리지 않는 그런 별 말이에요. 그렇다면 그게 아마 행성이었을 거예요. 항성은 태양처럼 스스로 빛을 내지만, 행성은 거울처럼 태양 빛을 반사하고 있거든요.

항성(恒星)은 '항상 같은 자리에서 빛나는 별'이라는 뜻이고, 행성(行星)은 '돌아다니는 별'이라는 뜻이에요. 영어로 행성을 뜻하는 말인 플래닛(planet) 역시 '떠돌이'를 뜻하는 그리스어에서 왔답니다.

그렇다면 항성(붙박이별)은 정말 붙박인 듯이 전혀 움직이지 않을까요? 아니에요. 실은 온 우주의 별들이 모두 엄청난 속도로 움직이고 있답니다. 하지만 지구에서 너무 멀리 떨어져 있기 때문에, 우리 눈에는 마치 움직이지 않는 것처럼 보일 뿐이지요.

행성들은 둥글게 타원을 그리며 태양 둘레를 돌고 있어요. 하지만 우리에겐 그들이 별들 사이를 구불구불 지나가는 것처럼 보일 수도 있답니다. 행성들을 바라보는 우리의 지구 역시 둥글게 타원을 그리며 태양 둘레를 돌고 있기 때문에 그렇게 보이는 거예요.

몇 달 동안 꾸준히 하나의 행성을 지켜보면, 그것이 한 방향으로 천천히 움직이다가 잠깐 멈칫한 후, 방향을 틀어서 다른 길로 가는 것처럼 보일 거예요. 행성들이 태양 둘레를 한 바퀴 도는 데 걸리는 시간이 저마다 다르기 때문에(〈낱말풀이〉의 '공전주기'를 읽어 보세요) 행성이 우리 지구와 가까워졌다가 다시 멀어질 때 마치 방향이 바뀐 것처럼 보이는 거예요.

황도와 황도 12궁

지구에서 하늘 전체를 하나의 공으로 보고, 그것을 천구(天球: 하늘 공)라고 부른다. 이 천구에서 태양이 지나가는 길을 황도(黃道: 노란 길)라고 한다 —달이 지나는 길은 백도(白道: 하얀 길)라고 한다. 이 황도에 다음과 같은 별자리 12개가 있다. 이 12개 별자리를 황도 12궁이라고 하는데, 명왕성을 제외한 모든 행성은 항상 이 12궁 근처에서 발견된다.

양자리(the Ram)	황소자리(the Bull)	쌍둥이자리(the Twins)
게자리(the Crab)	사자자리(the Lion)	처녀자리(the Virgin)
천칭자리(the Scales)	전갈자리(the Scorpion)	궁수자리(the Archer)
염소자리(the Sea Goat)	물병자리(the Water Carrier)	물고기자리(the Fish)

태양과 달도 그렇지만, 행성도 동쪽에서 떠올라 서쪽으로 사라져요. 행성들이 하늘에 높이 있을 때에는, 캄캄한 시골뿐 아니라 도시에서도 그걸 볼 수 있지요. 하지만 지평선에 가까이 있을 때에는 지구의 대기 오염 때문에 제대로 보이지 않아요.

행성을 보기 위해 필요한 장비: 쌍안경이나 망원경

　맨눈으로는 어떤 별이 행성인지 잘 구별할 수 없지만, 쌍안경이나 망원경을 쓰면 쉽게 찾아낼 수 있어요. 망원경의 성능이 좋으면 행성의 모양까지도 또렷이 볼 수 있답니다. 행성이 지평선에 아주 가까이 있을 때는 조금 다르지만, 대개 망원경으로 본 행성은 깜박이지 않아요. 하지만 그게 항성이라면 반짝반짝하며 깜박일 거예요. 그리고 항성은 워낙 멀리 있기 때문에, 웬만한 망원경으로 봐서는 맨눈으로 보는 것과 별 차이가 없어요. 단지 조금 더 환하게 보일 뿐이지요.

　초보자라면 쌍안경을 사용하는 편이 좋아요. 쌍안경은 그리 비싸지 않고 사용하기도 쉬우며, 시야가 넓기 때문이지요. 노련한 천문학자들도 망원경뿐만 아니라 쌍안경을 곧잘 사용한답니다.

　쌍안경에는 확대율(배율)과 렌즈 지름(구경)이 표시되어 있어요. 만약 8×40이라고 표시되어 있다면, 8배로 크게 볼 수 있고, 렌즈 지름은 40밀리미터라는 뜻이지요. 크게 보는 것도 좋긴 하지만, 10배 이상으로 볼 수 있는 쌍안경은 쓰지 않는 편이 좋아요. 그러한 것은 꽤 무겁기 때문에 오래 들고 있으면 역기를 들고 있는 것처럼 힘이 들지도 모르거든요.

　망원경은 성능이 좋을수록 당연히 더 잘 보여요. 이를테면 토성의 멋진 고리도 볼 수 있지요. 그러나 망원경의 배율보다 더 중요한 게 있는데, 우선 관찰자의 시력이 좋아야 하고, 삼각 받침대를 단단하게 고정시켜서 망원경이 흔들리지 않게 해야 한다는 거예요. 초보자라면 렌즈 지름이 75밀리미터에서 100밀리미터 사이인 굴절망원경을 사용하는 편이 좋아요.

신과 인간

지금 우리가 바라보는 밤하늘은 몇천 년 전 사람들이 바라본 밤하늘과 별로 다르지 않아요(대기 오염만 없다면 말이지요). 옛날 사람들에게는 밤하늘을 연구하는 것이 세상을 이해하는 데 큰 도움이 되었답니다. 별들의 움직임을 잘 알아 두면 계절의 변화, 밀물 때와 썰물 때, 비 올 때와 가물 때 등을 미리 알 수도 있거든요.

옛날 사람들은 떠돌아다니는 행성을 바라보며 여러 신들에 대한 이야기를 꾸며냈어요. 아리송한 대자연의 이치를 그럴듯하게 설명하기 위해 신들을 끌어들인 거지요. 그래서 밤하늘은 온갖 신화와 전설이 꽃피는 무대가 되었어요.

특히 고대 그리스와 로마 사람들은 행성마다 신의 이름을 붙여 주고, 상상의 날개를 활짝 펼쳤답니다. 옛날 사람들은 자연의 법칙을 잘 알지 못했기 때문에, 지진 같은 재앙이 닥치면 신이 화를 낸다고 생각했어요. 좋은 일이 생기면 신이 도운 줄 알았지요. 영문을 알 수 없는 일은 모두 신 때문에 생긴 일인 줄 안 거예요.

그래서 온갖 신화와 전설이 만들어졌는데, 그것이 사람들의 입에서 입으로 전해지면서 줄거리가 조금씩 다른 여러 이야기가 되었어요. 이런 이야기가 오랜 세월 동안 전해져 온 까닭은 그 내용이 아주 재미있을 뿐만 아니라, 우리가 거기에서 배울 점도 참 많기 때문이랍니다.

고대 그리스와 로마의 신들은 저마다 다른 세상을 다스렸어요. 예를 들어 아프로디테는 아름다움의 세계를 다스렸지요. 그리고 바다를 다스린 포세이돈처럼 자연의 세계를 다스린 신도 있었어요.

옛 그리스 사람들은 내로라하는 신들이 대부분 올림포스 산에 모여 산다고 생각했어요. 그곳에는 항상 아름다운 노래가 흐르고, 신들의 음료인 넥타 등의 먹을거리가 넘쳐 난다고 믿었지요. 또 올림포스 산에는 비나 눈이 오지 않고, 강한 바람도 불지 않는다고 믿었답니다.

올림포스 산은 아주 높아서, 인간은 오를 수가 없는 곳이었어요. 인간들은 그저 신이 산에서 내려오기만을 기다렸지요. 신들 가운데는 인간 세상을 돌아다니며 인간과 함께 모험을 즐기는 이들도 많았어요. 그런데 신들은 자기가 신이라는 사실을 사람들이 알아차리기를 원치 않을 때도 있었답니다. 그럴 때에는 동물이나 사람 모습으로 둔갑으로 하고 세상에 나타나서 온갖 모험을 즐겼지요.

행성	그리스의 신	로마의 신	영어 이름
수성	헤르메스	메르쿠리우스	머큐리(Mercury)
금성	아프로디테	베누스	비너스(Venus)
지구	가이아	테라	어스(Earth)
화성	아레스	마르스	마즈(Mars)
목성	제우스	주피테르	주피터(Jupiter)
토성	크로노스	사투르누스	새턴(Saturn)
천왕성	우라노스	코엘루스	유러너스(Uranus)
해왕성	포세이돈	넵투누스	넵튠(Neptune)
명왕성	하데스	플루톤	플루토(Pluto)

신들은 영락없이 인간처럼 행동했어요. 그들은 대부분 늘씬하게 잘생겼고, 인간보다 아는 것도 더 많았지요. 그리고 신들은 절대 죽지 않았어요. 몸 속에 피 대신 '이코르'라는 신비한 액체가 흐르기 때문에 영원히 살 수 있었거든요.

하지만 신들도 완벽하지는 않았어요. 친절하고 자상한 신들도 종종 실수를 했고, 때로는 우락부락 화를 내기도 했으며, 시샘도 아주 많아서 사람이 신에게 도전을 했다가는 보복을 당하기 일쑤였어요.

하지만 그렇게 좀 모자란 데가 있기 때문에 신들의 이야기는 더욱 재미있답니다. 그런 신들의 모험담을 들으며 우리는 옛사람들의 마음을 훔쳐 볼 수도 있어요. 옛사람들도 늘 삶과 죽음의 의미를 이해하려고 노력했고, 세상의 이치를 알고 싶어 했다는 점도 알 수 있어요.

신화와 사실 사이

- 신화에 나오는 올림포스 산은 실제로 존재한다. 이 산은 그리스에서 가장 높은 산인데 높이는 2,917미터이다.

- '올림피아'라는 마을의 이름을 딴 올림픽 대회는 제우스를 기리기 위해 기원전 776년에 처음 열렸다. 옛 그리스 사람들은 4년마다 이 대회를 열어서 힘과 솜씨를 겨루었다. 이 경기의 우승자들은 매우 존경을 받았다. 오늘날의 올림픽 대회는 옛날의 그리스 올림픽 대회를 이어받아 1896년에 새로 시작된 것이다.

- 행성의 우리말 이름은 어떻게 지어졌을까? 천왕성(天王星: 하늘 왕의 별), 해왕성(海王星: 바다 왕의 별), 명왕성(冥王星: 명부 곧 지하세계 왕의 별)은 각각 우라노스, 포세이돈, 하데스의 별이라는 뜻이다. 그러니까 외국 이름을 번역해서 썼을 뿐이다. 지구라는 이름도 마찬가지이다.(영어나 독일어에서는 땅이 곧 지구다) 그런데 수성(水星), 금성(金星), 화성(火星), 목성(木星), 토성(土星)의 이름은 다르다. 우리 동양에서 세상을 이룬 기본 물질이라고 생각한 다섯 가지, 그러니까 목(木), 화(火), 토(土), 금(金), 수(水)를 행성 이름으로 썼다.

수성

수성은 줄잡아 5,000년 전 사람들도 잘 알고 있던 행성이랍니다. 옛 그리스 사람들은 이 행성을 헤르메스의 별이라고 생각했어요. 헤르메스는 전령의 신, 즉 신들의 심부름꾼이어서 날개 달린 신발을 신고 아주 빠르게 날아다녔는데, 행성 가운데 가장 빠르게 공전하는 게 바로 수성이라서 이 행성에 헤르메스라는 이름이 붙게 되었지요. 그런데 옛 그리스 사람들은 초저녁에 보이는 수성은 헤르메스, 새벽에 보이는 수성은 아폴론이라고 다르게 불렀답니다. 그게 같은 행성이라는 사실을 알고 있으면서도 말예요.

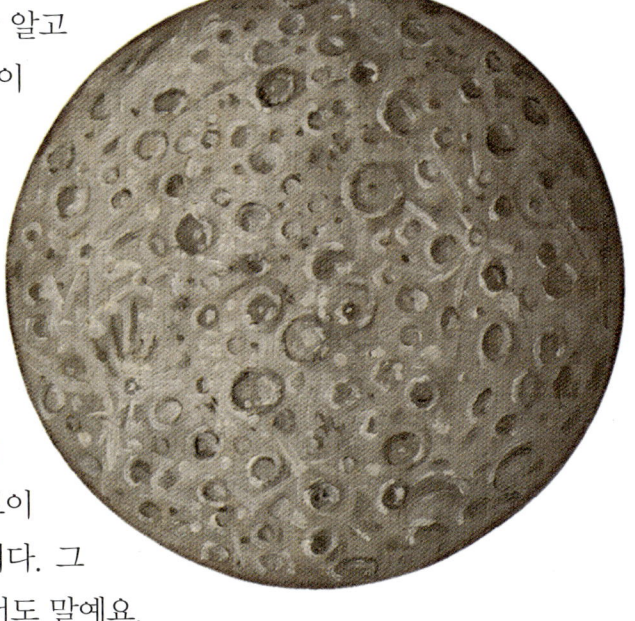

아폴론

어느 날, 그리스의 델피 지방에 있는 파르나소스 산에서 유황 연기가 뭉게뭉게 치솟았어요. 그 때 산에서 신전을 지키던 여사제 한 명이 이 유황 연기를 들이마시고는 영원히 잠들고 말았지요.

여사제가 잠들어 있는 동안, 대지(지구)의 여신 가이아가 수많은 비밀을 소곤소곤 들려주었어요. 여사제는 꿈결에 들려오는 비밀 이야기를 큰소리로 되뇌었지요. 그건 바로 미래에 대한 예언이었는데, 그 예언은 항상 적중되었어요. 그녀가 되뇐 말은 '델피의 신탁'이라고 불렀고, 아주 먼 곳에 사는 사람들까지 이 신탁을 들으러 찾아오곤 했답니다.

델피의 신전은 피톤이라고 하는 검은 용이 지키고 있었어요. 이 늙은 용이 어찌나 무시무시했던지 새들도 그 앞에서는 큰소리로 지저귀지 못했지요. 아름다운 요정들도 겁이 나서 자취를 감추고 말 정도였다니까요.

요정들은 피톤이 이 산에서 영원히 살지 않을 거라는 사실을 몰랐어요. 하지만 피톤 자신은 알고 있었지요. 피톤도 신탁을 들었거든요. 자신이

제우스의 아들인 아폴론에게 죽게 될 거라는 사실을 말이에요.

아폴론은 미남에다 인기도 많았어요. 아폴론만큼 사랑을 듬뿍 받은 신도 없었지요. 그는 태어나자마자 신들의 음식인 넥타와 암브로시아를 먹고 쑥쑥 자라서 금세 어른이 되었어요. 아폴론이 아직 어릴 때, 어느 날 신들의 왕인 제우스가 그를 올림포스 산으로 불렀어요. 그리고 아폴론에게 멋진 선물을 주었지요. 그건 바로 황금 활과 화살 한 통이었는데, 대장장이 신 헤파이스토스가 만든 것이었답니다. 제우스는 또 하늘을 나는 흰말과 황금 마차도 선물도 주었지요.

아폴론은 하늘을 누비고 다니며 사냥 연습을 한 후, 마침내 모험을 떠나기로 결심했어요. 파르나소스 산에 가서 피톤을 처치해야겠다고 마음먹은 거예요. 그는 황금마차를 타고 단숨에 델피로 날아갔어요. 그리고는 산을 샅샅이 훑으며 검은 용을 찾았지요. 곧 산비탈의 동굴 가까이에 있는 용의 모습이 눈에 띄었어요.

피톤은 아폴론을 쳐다보고 곧바로 날아왔어요. 피톤도 자기가 죽을 때가 되었다는 사실은 알았지만, 싸워 보지도 않고 지레 포기할 수는 없었거든요. 아폴론이 가까이 다가오자 피톤은 입을 쩍 벌리고 불길과 독액을 세차게 내뿜었어요. 불길과 독액을 간신히 피한 아폴론은 성난 용에게 활을 겨누고 황금 화살을 잇달아 날려 보냈지요. 화살을 천 발쯤 맞은 피톤은 마침

수성 관측

- 작은 망원경으로 수성을 바라보면, 수성도 달처럼 차고 기운다는 것을 알 수 있다. 대체로 초승달에서 반달 사이의 모습을 보게 된다.

- 수성은 1년에 두어 차례, 한 번에 2주 동안 볼 수 있다. 그 외의 기간에는 보이지 않아서 천문학자들도 제대로 연구를 하기가 어렵다.

- 수성은 새벽 동쪽 하늘에 낮게 떠 있거나, 해가 진 후 서쪽 하늘에 아주 낮게 떠 있는 것을 볼 수 있다. 태양에 워낙 가까이 있기 때문에 해가 진 직후나 해가 뜨기 직전에만 볼 수 있다.

- 해가 살짝 떠 있을 때 쌍안경이나 망원경으로 수성을 찾으려고 하면 안 된다. 자칫하면 햇빛에 눈이 상할 수도 있다.

- 수성은 여느 행성과 달리 반짝반짝 깜박이듯이 보인다. 수성은 지평선 쪽에 낮게 떠 있어서, 그 빛이 지구 대기를 통과하면서 많이 일그러지고 흔들리기 때문이다.

내 고개를 떨구고 숨을 거두고 말았답니다.

검은 용이 죽자 요정들이 돌아왔고, 새들도 다시 목청껏 노래했어요. 아폴론도 승리의 노래를 불렀지요.

용을 물리친 일을 기념하기 위해, 아폴론은 옛 그리스에서 피톤 경기를 열었어요. 이 경기는 4년마다 열렸는데, 달리기와 마차 경주, 힘 겨루기 등에서 이긴 사람에게는 월계수 잎으로 만든 월계관을 씌워 주었답니다.

사람들은 아폴론을 음악과 활, 빛, 젊음, 아름다움, 시, 예언, 농업, 가축, 건강의 신으로 떠받들었어요.

헤르메스(머큐리)

해가 뜰 때 태어난 헤르메스는, 태어나자마자 엉덩이가 들썩거려서 가만히 누워 있을 수가 없었어요. 그래서 세상에 태어난 날 아침, 그는 어머니가 아직 잠들어 있을 때 슬그머니 요람에서 빠져 나왔지요. 까치발로 살금살금 밖으로 나온 헤르메스는 신나게 들판을 뛰어다녔답니다.

때마침 들판에는 멋진 암소 떼가 풀을 뜯고 있었어요. 그 모습을 본 헤르메스는 탐이 나서 암소를 몇 마리 훔치기로 작정했지요. 그게 모두 아폴론 형의 암소라는 사실을 알고 있었지만, 형 몰래 훔치기로 한 거예요.

헤르메스는 우선 암소 가운데 가장 좋은 놈으로 50마리를 추려 냈어요. 그리고 소 발굽에 나무껍질을 받쳐서 발자국이 생기지 않게 했지요. 그래도 안심이 안 된 헤르메스는, 소꼬리에 빗자루를 매달아서 흔적이 싹싹 지워지게 했어요. 준비를 마친 그는 자기 발에도 나뭇가지를 매달았어요.

여전히 불안했던 헤르메스는 소를 뒷걸음질치게 하며 숲으로 몰고 갔어요. 자기 발에 매단 나뭇가지로는 일부러 거인의 발자국 같은 흔적을 남기면서요. 마치 숲에서 나온 거인이 아직 들판 어딘가에 있는 것처럼 꾸며 둔 거예요.

헤르메스는 암소 50마리를 숲 속으로 끌고 가서, 그 중 두 마리를 잡은 뒤 창자로 현악기 줄을 만들었어요. 그리고 거북 등딱지에 그걸 묶어서 리라를 만들었지요. 그런 뒤 다시 요람으로 돌아가서 잠자는 척했답니다.

헤르메스가 눈을 감고 요람에 누웠을 때, 아폴론이 들판으로 돌아왔어요. 그는 암소의 수가 줄어든 것 같아 수를 세어 보았지요. 그랬더니 암소가 50마리나 없어진 거예요. 놀란 아폴론이 사방을 둘러보았지만 사라진 암소들은 찾을 수가 없었어요.

예언의 신이었던 아폴론은 짐작이 가는 데가 있었어요. 그는 헤르메스를 찾아가서 암소를 내놓으라고 호통을 쳤지요. 하지만 헤르메스는 딱 잡아뗐어요. 그래도 아폴론이 그 말을 곧이들을 리는 없지요. 결국 꽁무니를 빼는 헤르메스를 쫓아 아폴론은 올림포스 산까지 가게 되었어요. 그리고 아버지인 제우스에게 일러바쳤지요. 헤르메스에게 암소를 내놓으라고 야단 좀 쳐 달라는 거였어요.

다른 신들은 이 모습을 보며 아주 재미있어 했답니다. 아폴론이 갓 태어난 아기에게 당했다는 게 여간 우습지 않았거든요. 제우스도 웃음이 터지려고 했지만, 헤르메스가 보는 데서 웃을 수는 없었어요.

제우스는 두 아들이 사이좋게 지내기를 바랐기에, 헤르메스를 타일러서 암소를 돌려주게 했지요. 그런데 암소를 돌려받은 아폴론이 암소의 수를 세어 보니 여전히 두 마리가 모자라지 뭐예요. 아폴론의 얼굴은 곧 붉으락푸르락해졌어요. 하지만 헤르메스가 리라를 보여주자 그만 눈이 휘둥그레졌지요. 음악의 신인 아폴론은 리라를 보자 탐이 나서, 암소 대신 그걸 달라고 했어요. 결국 두 형제는 사이가 좋아졌답니다.

제우스는 헤르메스에게 다시는 도둑질이나 거짓말을 하지 말라고 타일렀어요. 헤르메스는 올림포스 산에 자기 자리를 하나 마련해 주면 그러겠다고 배짱을 부렸지요. 그래서 헤르메스도 12명의 올림포스 신 가운데 한 명이 되었답니다. 제우스는 날개 달린 샌들과 날개 달린 황금 모자, 그리고 마법 지팡이를 숨길 수 있는 망토를 선물로 주었어요.

헤르메스는 신들의 사자(심부름꾼)이자, 죽은 사람의 영혼을 저승으로 데려다 주는 안내자가 되었어요. 또한 헤르메스는 여행자와 도둑, 목동, 상인의 신, 그리고 행운의 신으로도 널리 떠받들어졌답니다.

행성 이야기

- 수성은 9개 행성 가운데 명왕성 다음으로 작다. 반지름이 2,439 킬로미터인데, 이건 지구(평균 6,371km)의 반도 안 된다.

- 우리가 수성에 서서 하늘을 쳐다본다면 대낮에도 하늘이 검게 보일 것이다. 그렇다면 대낮에도 별들이 초롱초롱하게 보일 것이다! 그건 수성에 대기(중력에 붙들려서 행성을 감싸고 있는 공기)가 거의 없기 때문이다.

- 수성의 자전 속도는 금성 다음으로 느리다. 워낙 느려서 낮에는 너무 뜨겁고, 밤에는 너무 춥다. 낮의 온도는 섭씨 350도까지 올라가고, 밤의 온도는 섭씨 영하 170도까지 떨어진다.

- 수성의 표면에는 혜성이나 운석이 떨어져서 생긴 구덩이(크레이터)가 아주 많다.

- 아홉 개 행성 가운데 수성과 금성에만 달이 없다.

금성

아프로디테(비너스)

 바다에서 파도가 서로 부딪치면, 공기가 안에 갇혀서 작은 공기방울(물거품)이 되었다가 터져서 사라지게 된답니다. 그런데 어느 날, 키테라 섬 해안 가까이에서 일렁이는 파도가 부글부글거리며 점점 더 많은 물거품을 일으켰어요. 이 거품은 터지지 않고 점점 더 부글거리며 물 위로 솟아올랐지요. 거품은 그렇게 높이, 더 높이 솟아오르더니 이윽고 아리따운 처녀의 모습으로 바뀌었어요. 두 눈은 초롱초롱하고, 얼굴은 해맑게 빛나고, 찰랑거리는 긴 머리칼에는 장미가 꽂혀 있는 아름다운 아가씨로요. 이 여신이 바로 아프로디테랍니다. 아프로디테가 어찌나 아름다운지 바람도 숨을 죽일 정도였지요.

아프로디테는 물거품에서 빠져 나와 파도를 타고 뭍으로 올라왔어요. 해변에서 그녀의 발길이 스치기만 하면 땅에서 꽃이 돋아났답니다. 아름다움과 우아함과 기쁨을 상징하는 세 자매 여신이 그녀를 맞이했어요. 제우스의 딸인 세 자매는 바닷가로 밀려온 소라 껍데기에 그녀를 태웠지요. 그러자 서풍의 신 제피로스가 소라 껍데기를 키프로스 섬으로 밀어 보냈어요. 제우스가 보낸 시종들이 거기서 그녀를 맞이해서 올림포스 산으로 안내했답니다.

올림포스 산의 신들은 아프로디테의 아름다움에 반해서 그녀를 아름다움과 사랑의 여신으로 삼았어요. 그리고 모든 신들이 그녀에게 알랑거리고 재주를 선보이며 환심을 사려고 했지요. 바다의 신 포세이돈은 그녀가 바다에서 생겨났기 때문에 당연히 자기 아내가 되어야 한다고 우겼어요. 그는 힘 자랑을 하기 위해, 삼지창으로 엄청난 파도를 일으켰답니다. 헤르메스는 자기 마차에 그녀를 태우고 다니며 아름다운 세상을 구석구석 보여주겠다고 제안해서 환심을 사려고 했지요. 음악의 신 아폴론도 지지 않고 감미

금성 관측

- 금성은 찾기 쉽다. 금성보다 더 밝은 별이나 행성이 없기 때문이다(태양과 달 다음으로 밝다).

- 하늘만 맑으면, 해가 진 후나 동트기 전에 서너 시간 동안 금성을 볼 수 있다. 금성이 태양 가까이에 있기 때문에 밤새 계속 볼 수는 없다. 하지만 어떤 때에는 낮에도 볼 수 있다.

- 금성은, 어떤 계절에는 저녁 하늘에, 다른 계절에는 아침 하늘에 떠 있다. 그게 정확히 언제인지는 해마다 다르다.

- 금성이 지구에서 멀어지고 있을 때에는 새벽에 동쪽 하늘에서 별들보다 더 늦게까지 빛나고, 가까워지고 있을 때에는 저녁에 서쪽 하늘에서 별들보다 먼저 모습을 드러낸다. 저녁에 서쪽에서 빛나는 금성을 개밥바라기 혹은 태백성이라고 하고, 새벽에 빛나는 금성은 샛별 혹은 계명성이라고도 부른다.

- 작은 망원경만 있으면 금성이 달처럼 차고 기우는 것을 쉽게 볼 수 있다.

로운 사랑의 노래를 불렀어요.

그러나 아프로디테는 어떤 신과도 서둘러 결혼하고 싶은 마음이 없었어요. 언제든 원하기만 하면 누구하고든 결혼할 수 있었으니까요. 하지만 제 마음대로 결혼을 늦출 수는 없었답니다. 헤라가 시샘을 했거든요. 헤라의 남편 제우스가 은근히 아프로디테에게 추파를 던지고 있었던 거예요. 헤라는 아프로디테에게 자기 아들인 헤파이스토스랑 결혼하라고 말했어요.

대장장이 신 헤파이스토스는 절름발이일 뿐 아니라, 지지리도 못생긴 남자였어요. 하지만 그는 대장간 일을 썩 잘했고, 자상했으며 아주 힘이 셌답니다. 헤파이스토스야 당연히 아프로디테랑 결혼하고 싶었을 거예요. 하지만 다른 신들은 그녀가 그런 남자랑 결혼할 리가 없다고 생각했지요.

그런데 놀랍게도 아프로디테는 헤라의 말에 반대하지 않았어요. 성격이 까다로운 다른 신과 결혼하느니 차라리 온순한 헤파이스토스가 낫다고 생각한 거예요. 자신이 얽매이지 않고 자유롭게 살 수 있을 테니까요.

헤파이스토스는 시칠리아 섬의 화산 아래 있는 대장간에서 신부에게 줄 선물을 만들었어요. 그건 마법이 깃든 황금 허리띠였지요. 아프로디테가 그 허리띠를 두르면, 다른 신들이 더 반해 버릴 거라는 사실을 그는 미처 깨닫지 못했답니다.

아프로디테는 남편의 형제이며 전쟁의 신인 아레스가 마음에 쏙 들었어요. 아레스는 늘 겉멋을 부리고 걸핏하면 싸움을 했기 때문에, 다른 신들은 그를 좋아하지 않았지요. 하지만 아프로디테는 아주 잘생긴 그의 모습에 반하고 말았답니다. 그래서 아프로디테는 아레스와 사랑을 하여 에로스를 낳았지요.

아프로디테는 사랑을 맺어 주는 걸 좋아했어요. 그녀의 아들 에로스(영어로 큐피드)는 남녀 간의 사랑의 신이었지요. 에로스는 마법의 활과 황금화살을 가지고 다니면서, 아프로디테가 누군가를 사랑에 빠지게 하고 싶어 하면, 그 가슴에 화살을 날렸어요. 그러면 화살을 맞은 이는 자신이 신이든 인간이든, 화살을 맞은 뒤 처음 본 상대를 열렬히 사랑할 수밖에 없었지요. 에로스는 화살을 날린 다음에 일어나는 일들을 구경하는 걸 낙으로 삼았답니다.

아프로디테는 사랑과 아름다움의 여신이었을 뿐만 아니라 생산의 여신이고, 뱃사람의 여신이기도 했어요. 그래서 뱃사람들은 바다가 잔잔해지게 해 달라고 그녀에게 기도를 하곤 했지요.

행성 이야기

- 금성과 지구는 크기가 아주 비슷해서 흔히 쌍둥이라고 불린다.

- 금성의 빛은 때로 아주 밝아서 지구에 그림자가 생기게 할 정도이다. 금성은 태양 빛을 지구보다 두 배는 더 받는다. 금성이 어떤 별보다도 더 밝게 보이는 이유는 두 가지이다. 첫째, 지구에 가까이 있기 때문에. 둘째, 금성의 흰 구름이 태양 빛의 72퍼센트를 고스란히 반사하기 때문에.

- 금성을 감싸고 있는 구름은 아주 짙고 흩어지는 법이 없다. 이 구름은 그냥 물방울이 아니라, 쇠붙이를 녹여 버릴 수 있는 황산으로 이루어져 있다. 그런데 이 구름에서 번개도 친다. 1초마다 25볼트 이상의 번개가!

- 금성의 대기 두께는 97킬로미터이고, 주로 이산화탄소로 이루어져 있다. 이산화탄소가 담요처럼 금성을 감싸고 있어서 안쪽의 열이 밖으로 새어 나가지 못하기에, 금성은 항상 펄펄 끓는다. 표면 온도가 섭씨 약 480도나 된다. 그래서 태양에 더 가까이 있는 수성보다 금성이 더 뜨겁다.

- 금성에는 수성과 마찬가지로 달이 없다.

지구

가이아

 태초에 우주는 오로지 캄캄하고 혼돈만이 존재했어요. 그러다 이 혼돈에서 가이아라는 이름의 대지의 신이 태어났지요. 최초의 신은 여신이었답니다! 대지(땅)에는 아무도 살고 있지 않아서 가이아는 외로웠어요. 그래서 가이아는 산과 바다를 낳고 하늘을 낳았지요. 그리고 하늘을 쳐다보며 하늘을 사랑하게 되었어요. 하늘의 신인 우라노스를 사랑한 거예요. 하늘과 땅의 사랑으로 비가 내리게 되었어요. 땅에는 마침내 강물이 흐르고 식물과 동물이 생겨나서, 가이아는 생명의 어머니가 되었답니다.
 가이아와 우라노스는 아이를 많이 낳았어요. 처음에는 키클롭스('둥근 눈'이라는 뜻의 그리스어)라고 불리는 외눈박이 거인 셋을 낳았지요. 브론테스(우레), 스테로페스(번개), 아르게스(벼락)를 낳은 거예요. 그들에게는 동그란 눈이 이마 한복판에 하나만 있었답니다.

우라노스는 키클롭스 삼형제가 마음에 들지 않았어요. 그리고 다음에 낳은 아이들도 좋아하지 않았지요. 더욱 흉측하게 생겼거든요. 머리가 100개인 괴물(백두거인), 팔이 100개인 괴물(백수거인) 따위를 가이아가 마구 낳은 거예요. 우라노스는 못생긴 괴물들을 쳐다보기도 싫었어요. 그래서 어린 거인들과 키클롭스를 와락 붙잡아 가장 깊고 가장 어두운 지하세계에 내동댕이쳐 버렸답니다.

가이아는 화가 났지만 어찌할 수가 없었어요. 그후 가이아는 티탄이라고 불린 아이들을 12명 더 낳았어요. 티탄족은 괴물이 아니라 신이었지요. 우라노스와 가이아는 티탄족 신들이 마음에 쏙 들었답니다.

가이아는 12명의 티탄족에게 지하세계에 갇힌 형들을 구해 주라고 부탁했어요. 하지만 11명은 우라노스가 무서워서 꽁무니를 뺐지요. 다행히 막내인 크로노스만은 아버지와 맞서 싸웠답니다. 급소를 다친 우라노스의 몸에서 핏방울이 뚝뚝 땅으로 떨어졌어요. 이 핏방울은 무서운 괴물로 변했지요. 등에는 박쥐 날개가 달리고, 머리카락은 뱀, 몸뚱이는 검은 개처럼 생겼는데, 이들은 복수의 여신 푸리아이라고 불리게 되었어요.

소행성과 지구

- 소행성은 행성이라고 하기에는 크기가 작은 바위나 금속 덩어리이다. 지름이 200킬로미터가 넘는 큰 소행성은 30개쯤 된다.

- 소행성 가운데 하나가 지구와 충돌할 가능성은 30만 년에 한 번 정도이다.

- 공룡이 멸종된 이유가 소행성이 지구와 충돌했기 때문이라고 생각하는 과학자가 많다. 멕시코에 아주 커다란 구덩이(크레이터)가 있는데, 이것은 6천 5백만 년 전에 소행성이나 운석이 우리 지구와 충돌할 때 생긴 것으로 짐작된다. 충돌할 때 생긴 가스와 먼지가 몇 달 혹은 몇 년 동안 햇빛을 가렸을 것이다. 햇빛도 없고, 가스 때문에 산성비가 내려서 많은 식물이 죽자, 결국 식물을 먹고 살던 공룡까지 죽게 되었다는 것이다.

- 지구와 충돌할 가능성이 있는 소행성을 계속 관찰하는 과학자들도 많다. 그들은 지구와 충돌하게 될 소행성을 몇십 년 혹은 몇백 년 앞서서 발견하려고 한다. 미리 소행성의 궤도를 바꾸거나 폭파해서 재앙을 피하기 위해서이다.

- 지구는 두꺼운 대기로 감싸여 있다. 지구 대기로 날아든 유성(소행성보다 작은 바위나 금속 덩어리로 된 별똥별)은 대기를 통과하는 동안 불타 버린다.

　힘을 잃은 우라노스는 신음을 하며 예언을 했답니다. 자기가 아들에게 당한 것처럼, 크로노스도 훗날 자기 아들에게 당하게 될 거라고요.
　이제 크로노스는 온 우주를 다스리는 신들의 왕이 되었어요. 그리고 하늘과 땅을 모두 다스렸는데, 지하세계에 갇힌 형들을 풀어 주지 않았지요. 가이아는 화가 났지만 참고 묵묵히 기다리는 수밖에 없었어요. 언젠가 크로노스보다 더 강한 손자가 태어나기만 기다리면서 말이에요.

행성 이야기

- 지구는 시속 약 10만 킬로미터(초속 약 30킬로미터)로 태양 둘레를 돈다(수성은 초속 약 48킬로미터로).

- 지구의 모양은 북극과 남극 양쪽이 약간 납작하고, 적도 쪽은 살짝 더 불룩하다.

- 끝이 없이 긴 줄자로 지구 적도를 감으면, 그 길이는 약 4만 킬로미터이다(미터의 길이를 정할 때, 지구 둘레를 4만 킬로미터로 정했기 때문이다).

- 지구가 다른 행성과 크게 다른 점은 땅이 물로 덮여 있다는 것이다. 언 물, 녹은 물, 증발한 물이 두루 있는 행성은 태양계에 지구밖에 없다. 물은 지구 표면의 75퍼센트를 덮고 있다.

- 지구가 다른 행성과 또 다른 점은, 대기 중에 산소가 있다는 것이다. 지구 대기 중 21퍼센트가 산소이다.

- 지구에 계절이 있는 이유는? 지구의 축(지축)이 기울어져 있기 때문이다(〈58쪽 낱말풀이〉의 '지축과 계절' 참고).

화성

아레스(마즈)

아레스는 제우스와 헤라 사이에서 태어난 전쟁의 신이에요. 그는 키가 늘씬하고 잘생긴 미남이었지만 성격이 불같았지요. 워낙 싸우기를 좋아해서, 어디서 누가 다투는 소리만 들려도 흥분을 참지 못했어요. 누가 잘하고 누가 잘못했는지는 아예 관심도 없었어요. 말썽거리가 생기면 다짜고짜 싸우기부터 했고, 때로는 아무 이유도 없이 싸움을 벌이기도 했지요.

아레스가 전쟁의 신이긴 했지만 그도 항상 이기는 것은 아니었어요. 그래서 어쩌다 전쟁에서 지면 화가 나서 견디지를 못했지요. 몸이 다치기라도 하면 울부짖으면서 치료를 받으려고 부리나케 제우스에게 달려갔어요. 그래도 아무리 다쳐도 죽지 않는 신이니까, 마음 놓고 싸울 수 있었지요.

아레스가 그렇게 싸움을 일삼았기 때문에 아프로디테말고는 아무도 그를 좋아하지 않았어요. 아프로디테만은 성질도 고약하고 사나운데다 다른 단점도 많은 그를 사랑했지요. 오로지 그가 잘생겼다는 이유 하나만으로요.

아레스가 싸움을 일삼는 걸 싫어하지 않은 신이 또 하나 있었는데, 그는 바로 하데스였답니다. 전쟁이 터지면 많은 사람이 죽고, 그러면 자기가 다스리는 지하세계로 죽은 이의 영혼이 더욱 많이 밀려들기 때문이었지요.

한번은 제우스가 바다의 신 포세이돈의 두 거인 아들, 오토스와 에피알테스와 싸울 때 아레스도 거들었어요. 두 거인은 산을 두 개 뽑아서, 그걸로 올림포스 산으로 올라가는 계단을 만들려고 했답니다. 그러고는 제우스를 몰아내려고 한 거예요. 하지만 산을 뽑다가 그만 제우스에게 들키고 말았지요. 제우스는 당장 맞서 싸웠어요.

제우스를 도와 싸움에 나선 아레스는 그만 사로잡히고 말았어요. 두 거인은 아레스를 청동 항아리에 담아서 헛간에 숨겨 놓았지요. 전쟁의 신도 없이 전쟁이 계속되었지만, 결국 제우스가 승리를 거두었답니다.

화성 관측

- 지구는 2년 2개월마다 화성을 따라잡고 앞서 나아가게 된다. 이때가 화성을 관측하기에 가장 좋다.

- 화성의 밝기는 지구와 얼마나 가까이 있느냐에 따라 크게 달라진다. 때로는 큰곰자리의 별들(북두칠성)만큼 밝고, 지구와 가장 가까울 때에는 목성만큼 밝다.

- 쌍안경으로 보면 화성은 아주 작은 붉은 접시처럼 보인다.

- 커다란 망원경으로는 화성의 남북극 지역에 흰 눈이 쌓인 것을 볼 수 있다. 흰 지역이 겨울에는 늘어나고 여름에는 줄어든다.

- 화성이 태양에 가장 가까워지면 때로 행성 전체에 먼지 폭풍이 일기도 한다. 이런 폭풍이 일면 화성의 표면을 자세히 볼 수 없게 된다.

전쟁이 끝난 뒤 올림포스 신들은 아레스를 찾기 시작했어요. 하지만 아무리 찾아도 아레스의 흔적을 발견할 수 없었지요. 아레스는 좁은 항아리에 갇혀 있어서, 움직일 수조차 없었거든요.

아레스가 열세 달째 갇혀 있을 때였어요. 해가 지자 누군가 헛간으로 들어왔지요. 그건 바로 행운의 신이라고도 불리는 헤르메스였어요. 헤르메스가 밤이슬을 피해 눈을 좀 붙이려고 헛간을 찾아 들어온 것이었지요.

막 단잠에 빠지려는 헤르메스에게, 어디선가 달그락거리는 소리가 들렸어요. 생쥐가 있나 보다 하고 헤르메스는 다시 눈을 감고 잠을 청했지요. 하지만 달그락거리는 소리가 그치지 않자, 헤르메스는 투덜거리며 일어섰어요. 그리고 주위를 살펴보니, 청동 항아리 안에서 무슨 소리가 나는 것 같았어요. 궁금해진 헤르메스는 피곤함도 잊은 채 항아리를 달빛 아래로 끌고 나왔답니다. 그리고 항아리 옆구리를 쿵쿵 쳐 봤더니 항아리 안에서 다급하게 두드리는 소리가 났어요.

헤르메스가 항아리 뚜껑을 여니, 아레스가 안도의 숨을 내쉬며 엉금엉금 기어 나왔어요. 아레스는 헤르메스에게 감지덕지했지요. 이후로 아레스는 아프로디테와의 사이에 두 아들을 더 두었는데, 그 이름이 데이모스(참패)와 포보스(공포)였답니다.

행성 이야기

- 붉게 보이는 화성의 흙은 녹슨 쇳가루(산화철)이다. 화성을 붉은 행성이라고 부르는 까닭은 이렇게 붉은 산화철 먼지가 휘날리고 있기 때문이다.

- 화성과 목성 사이에는 무려 10억 개 이상의 소행성이 띠를 이루고 있다.

- 1877년에 에이새프 홀이라는 미국인 천문학자가 화성 둘레를 도는 달(위성)을 찾고 있었다. 그가 포기하려고 할 때, 그의 아내가 하룻밤만 더 찾아보라고 권했다. 바로 그날 밤, 그는 데이모스와 포보스를 발견했다.

- 화성의 두 달은 중력이 약하다. 데이모스에서 시속 35킬로미터로 달리기만 하면 중력을 박차고 곧장 우주공간으로 날아갈 수 있다. 한편, 포보스가 조금만 더 가까이 화성 둘레를 돈다면, 화성의 중력 때문에 산산조각이 나서 그 조각들이 화성 둘레에 고리를 이룰 것이다.

- 화성에는 '올림푸스 몬스'라는 화산이 있는데, 이것이 태양계에서 가장 큰 화산이라고 알려져 있다. 이 산은 옛 그리스의 신들이 살았다는 올림포스 산의 이름을 땄는데, 높이는 26킬로미터가 넘고, 중심 봉우리의 지름이 거의 600킬로미터에 이른다.

목성

제우스(주피터)

신들의 왕인 제우스는 하늘의 신(하느님)이었어요. 또한 그는 날씨의 신이며 우레와 번개, 비와 빛의 신이기도 했지요. 제우스는 다른 모든 신들을 다 합한 것보다 더 강했지만, 꽤 공평한 왕이었답니다. 그는 자기 권력을 여러 신들에게 나누어 주었어요. 자신의 형제자매뿐 아니라, 여섯 자녀, 그리고 사랑의 신 아프로디테에게도 권력을 나누어 주었지요. 그리고 그는 세계를 나누어서 하늘은 자기가 다스리고, 바다는 포세이돈이, 지하 세계는 하데스가 다스리게 했어요. 그의 왕궁은 구름에 가린 올림포스 산 꼭대기에 있었답니다.

제우스의 황금 왕좌 가까이에 놓인 들통에는 항상 벼락이 가득 담겨 있었어요. 화가 난 제우스가 이 벼락을 하나 집어 들면, 모든 신들이 벌벌 떨었지요. 한번은 제우스의 아내 헤라가 벼락을 훔쳤어요. 제우스는 노발대발하면서 헤라의 발에 쇳덩어리를 달아서 하늘에 매달아 두었답니다. 헤라가 확실히 반성을 한 것처럼 보일 때까지 말이에요.

제우스는 모든 인간의 수호자이자 지배자이기도 했어요. 그는 티탄족 신들 가운데 한 명인 프로메테우스의 도움을 받아 사람을 만들었지요. 프로메테우스는 불의 신이자, 뛰어난 책략가였는데, 그가 진흙을 빚어서 최초의 사람들을 만들자, 제우스가 거기에 생명을 불어넣었다고 해요.

처음에 사람들은 아는 것도 없고 가진 것도 없어서 아주 단순하게 살았어요. 사람들한테는 불도 없어서, 쇠를 녹여서 도구를 만들 수가 없었거든요. 물론 진흙을 구워서 접시를 만들 수도, 음식을 익혀 먹을 수도 없었지요. 추위를 피하려면 동물 가죽으로 몸을 감싸는 수밖에요.

제우스는 사람들이 아예 불에 대해 알지도 못하기를 바랐답니다. 사람들이 너무 영리해지면 자기한테 도전할까 봐 겁을 낸 거예요. 하지만 프로메테우스는 자기가 직접 진흙으로 만들어 낸 사람들을 무척 사랑했어요. 그래서 사람들이 잘 살아갈 수 있도록 불을 선물하고 싶었지요. 하지만 제우스는 한사코 반대를 했어요.

목성 관측

- 목성은 우리 태양계에서 가장 큰 행성이고, 금성 다음으로 밝다. 목성이 밝게 빛나는 까닭은 대기에 구름이 잔뜩 끼어 있어서 태양 빛의 45퍼센트를 그대로 반사하기 때문이다.

- 목성에는 달이 많다. 그 중 가장 큰 4개의 이름은 이오, 에우로파, 가니메데, 칼리스토이다. 갈릴레오 갈릴레이가 1610년에 처음 발견했기 때문에 이들을 '갈릴레이 위성'이라고 부르기도 한다. 갈릴레이 위성은 작은 망원경이나 쌍안경으로 볼 수 있다. 목성의 적도면에 거의 일직선으로 나타나 보이는데, 다른 날 다시 보면 목성 둘레를 돌면서 자리가 바뀌었음을 알 수 있다.

- 망원경으로 보면 커다란 빨간 점(한자말로 대적점大赤點)을 발견할 수 있는데, 이것이 실은 엄청나게 큰 폭풍이다. 처음 발견된 때가 1664년인데 아직도 계속 휘몰아치고 있다! 그 부피는 지구보다 더 크다.

프로메테우스는 올림포스 산에 늘 불이 지펴져 있다는 사실을 알고 있었어요. 그래서 그는 몰래 산으로 올라가서 불을 훔쳐 냈지요.

프로메테우스는 사람들을 모아 놓고 처음으로 땅에 불을 피워 주었어요. 제우스는 프로메테우스가 배신할 줄은 까맣게 몰랐지요. 프로메테우스는 사람들에게 불을 사용해서 잘 사는 방법도 가르쳐 주었어요. 요리를 하는 방법뿐 아니라, 진흙을 구워서 그릇과 벽돌을 만드는 방법과 쇠를 녹여서 생활도구와 무기를 만드는 방법까지 가르쳐 주었지요.

어느 날 밤, 하늘에서 세상을 굽어보던 제우스는 땅에서 연기가 모락모락 피어오르는 광경을 보게 되었어요. 그제야 프로메테우스가 배신을 했다는 사실을 알게 되었지요.

제우스는 프로메테우스에게 벌을 주기로 작정했어요. 그래서 프로메테우스를 카프카스 산에 있는 바위에 쇠사슬로 묶어 두고, 날마다 독수리가 와서 간을 쪼아 먹게 했지요. 독수리가 간을 다 쪼아 먹어도, 그 다음 날 아침이 되면 간은 또 새로 생겨났고, 다시 독수리가 날아와서 새 간을 쪼아 먹었답니다. 프로메테우스는 먼 훗날 제우스의 아들인 헤라클레스가 와서 구해 줄 때까지 날마다 그런 고문을 당했어요.

제우스는 불을 사용한 사람들도 가만둘 수가 없었답니다. 그는 헤파이스토스를 시켜서 진흙으로 여자를 한 명 만들었어요. 바로 판도라라는 이름의 여자인데, 여신들은 판도라에게 찬란한 옷을 입히고 머리에 꽃을 꽂아 주었어요. 그리고 여러 신들이 온갖 기술을 가르쳐 주었지요. 아프로디테는 남자를 유혹하는 방법을, 아테나 여신은 바느질과 요리를 가르쳐 주었어요. 헤르메스는 온갖 속임수를 가르쳐 주었지요.

제우스는 판도라에게 보물상자를 하나 주면서, 절대 뚜껑을 열어 보지 말고 잘 간수하기만 하라고 일렀어요. 그리고 판도라를 인간세상에 보내서 프로메테우스의 동생인 에피메테우스와 결혼하게 했지요.

에피메테우스는 판도라가 상자를 열어 보면 안 된다는 것을 알고, 단단히 자물쇠를 채워 두었어요. 판도라는 행복하게 결혼 생활을 했지만

행성 이야기

- 목성은 지구에 비해 부피는 약 1,323배, 질량은 약 318배, 지름은 약 11배이다.

- 목성은 주로 수소(75퍼센트)와 헬륨(24퍼센트)으로 이루어져 있다. 그런데 목성의 중심에는 지구만 한 크기의 바위와 금속 덩어리가 자리 잡고 있다. 목성은 기압이 높아서 로켓이 착륙했다가는 종잇장처럼 꼬깃꼬깃 구겨지고 말 것이다.

- 목성 둘레를 도는 달(위성)은 지금까지 39개가 발견되었는데, 2002년에 무더기로 11개가 발견되었다.

- 목성의 위성 가운데 가장 큰 가니메데는 태양계 전체에서 가장 큰 위성이다. 이 위성은 태양계에서 두 번째로 작은 행성인 수성보다 도 더 크다.

- 목성은 태양계의 행성 가운데 가장 빠르게 자전을 한다. 목성이 한 바퀴 자전을 하는 데 걸리는 시간은 9시간 50분에서 9시간 55분 사이이다.

세월이 흐르자 은근히 호기심이 생겼지요. 상자 안에 무슨 보물이 들었는지 궁금해진 판도라는 속을 한 번만 들여다보게 해 달라고 남편에게 부탁했어요. 하지만 에피메테우스는 판도라의 부탁을 딱 잘라 거절하고, 열쇠를 자신의 허리춤에서 한시도 떼어 놓지 않았지요.

그러던 어느 날, 에피메테우스가 곤히 잠들어 있을 때 판도라가 남편의 허리춤에서 몰래 열쇠를 훔쳐 냈어요. 그러고는 자물쇠를 벗겨 내고, 떨리는 손으로 뚜껑을 열었지요. 그 순간, 상자에 담겼던 찬란한 축복들이 모두 날아가 버렸어요(온갖 악이 빠져나가서 세상에 두루 퍼졌다는 이야기도 있어요). 판도라는 화들짝 놀라서 얼른 뚜껑을 닫으려고 했지만 이미 때는 늦고 말았지요. 이때부터 축복을 잃어버린 사람들은 가난에 시달리고, 늙고, 병들고, 끝없이 욕심을 부리고, 서로 믿지 못하고, 싸움을 일삼으며 괴로운 삶을 살게 되었어요.

제우스는 그럴 줄 알았다며, 머잖아 인간이 멸망할 거라고 믿어 의심치 않았지요. 하지만 판도라가 죽을힘을 다해 뚜껑을 닫아서, 축복 가운데 딱 한 가지가 상자 안에서 빠져나가지 않았답니다. 그건 바로 '희망'이었지요. 호기심 때문에 온갖 축복을 잃어버렸지만, 그래도 희망만은 잃지 않은 거예요. 축복을 잃고 괴로움에 시달리면서도 우리가 꿋꿋하게 살아갈 수 있는 것은 바로 희망 때문이랍니다.

토성

 크로노스는 가이아와 우라노스 사이에 태어난 아들 가운데 가장 용감하고 가장 강한 아들이었어요. 커서는 아버지 우라노스를 물리치고 신들의 왕이 되었지요. 크로노스가 자기 형제 등 티탄족 무리를 다스리던 시대를 신화에서는 행복한 '황금시대'라고 부른답니다. 아무도 싸우지 않고 도둑질도 하지 않아서 법이 필요 없었거든요.
 그런데 가이아만은 행복하지 않았어요. 자기 아들인 외눈박이 거인 키클롭스와 백두거인들이 지하세계에 갇혀 있는데, 크로노스가 풀어 줄 생각을 하지 않았기 때문이에요.
 가이아는 화가 치밀었어요. 그녀는 아들들을 구하려면 새로운 왕이 나타나야 한다고 생각했어요. 가이아는 언젠가 크로노스도 자기 아들에게 당할 거라고 했던 우라노스의 예언을 떠올렸지요.
 크로노스도 그 예언을 잊지 않았어요. 그래서 아들을 낳으려고 하지 않았지요. 게다가 자신의 아내인 레아가 아기를 낳기만 하면, 바로 먹어 치워 버렸어요. 가이아는 화가 났지만 잠자코 지켜보는 수밖에 없었지요.

크로노스가 아기를 먹어 치울 때마다 아내인 레아는 가슴이 미어졌어요. 또다시 임신을 한 레아는 가이아랑 몰래 대책을 세웠어요. 그래서 이번에는 아기 대신 돌멩이에 배내옷(갓난아이의 옷)을 입혀 아기인 것처럼 꾸몄지요. 크로노스는 그것도 모르고 돌멩이를 꿀꺽 삼켰답니다.

이 아기가 바로 제우스였어요. 제우스는 크로노스 몰래 섬으로 빼돌려진 채 자랐어요. 아기인 제우스가 울 때마다 가이아는 요정들에게 칼로 방패를 두드리게 했지요. 제우스가 우는 소리를 크로노스가 들을 수 없도록 말이에요.

제우스는 무럭무럭 자라서 바다의 여신인 메티스와 결혼했어요. 사려분별의 여신인 메티스는 조언을 잘하기로 유명한데, 그녀는 제우스에게 크로노스를 이기려면 형제들의 도움이 필요하다고 일러주었어요.

메티스는 크로노스가 먹어 치운 아기들이 아직 뱃속에 살아 있다는 사실을 알고 있었어요. 신은 죽을 수가 없으니까요. 그들을 구해 내면 그들이 남편을 도와줄 게 분명했어요.

크로노스를 찾아간 메티스는 보약이라면서 약초를 선물했답니다. 크로노스는 그걸 먹자마자 속았다는 걸 알았지만 이미 때는 늦었지요. 약초를 먹은 크로노스는 다섯 아기와 돌멩이를 토해 냈어요.

토성 관측

- 토성은 어지간한 별보다 더 밝다. 맨눈으로도 볼 수 있지만, 토성의 고리를 보려면 작은 망원경이 필요하다.

- 쌍안경으로 토성을 보면 잡아 늘인 접시처럼 보인다. 쌍안경으로는 토성의 고리가 흐트러져 보이기 때문이다.

- 약 14년마다 한 번씩 토성의 고리가 잘 보이지 않게 되는데, 그 이유는 접시를 옆에서 바라볼 때처럼 우리가 고리를 옆에서 바라보기 때문이다.

- 토성에서 가장 큰 달인 티탄(영어식으로는 타이탄)은 태양계에서 두 번째로 큰 달인데, 수성보다도 더 크다. 게다가 태양계에서 유일하게 대기를 갖고 있는 달이기도 하다. 대기는 질소와 메탄으로 이루어져 있다. 아마추어 망원경 가운데 가장 좋은 걸 갖고 있다면 티탄을 볼 수도 있다. 렌즈 지름이 150밀리미터인 망원경이 있다면 다른 3개의 달—레아, 디오네, 테티스—도 볼 수 있다.

하데스, 포세이돈, 데메테르, 헤라, 헤스티아가 마침내 세상 구경을 할 수 있게 되었어요. 그들은 제우스와 힘을 합쳐서 아버지인 크로노스와 맞서 싸웠어요. 하지만 티탄족 신들은 크로노스를 도왔지요.

신들의 싸움은 끝날 줄을 모르고 계속되었어요. 제우스는 도움을 받기 위해 지하세계로 내려가서, 키클롭스와 백두거인들을 풀어 주었지요. 가이아는 마침내 가슴에 맺힌 한을 풀게 되었답니다.

키클롭스는 제우스에게 벼락을 선물했어요. 포세이돈에게는 삼지창을, 하데스에게는 몸이 안 보이게 하는 투구를 주었지요. 하데스가 투구를 쓰고 몰래 크로노스의 궁으로 들어가서 문을 열어 젖혔고, 포세이돈이 뒤따라가서 삼지창으로 크로노스를 몰아붙였어요. 이때를 노려서 제우스가 벼락으로 크로노스를 쓰러뜨렸지요.

티탄족 신들은 그후에도 좀더 버티며 싸웠지만, 우두머리가 없어서 제대로 힘을 쓸 수가 없었어요. 백두거인들이 티탄족 신들에게 바위를 집어던지자 그들은 모두 뿔뿔이 흩어져 달아나고 말았답니다.

이후 티탄족 신들은 땅 속 깊이 숨어 살게 되었어요. 그리고 요즘도 가끔 심통이 나면 지진을 일으키거나 화산을 폭발시킨다고 하지요. 티탄족 가운데 땅 위에 살고 있는 이는 아틀라스밖에 없는데, 그 또한 어깨로 하늘을 떠받치고 있어야 하는 벌을 받았어요. 나중에 돌이 된 아틀라스는 아틀라스 산맥으로 변했답니다.

행성 이야기

- 토성은 태양계에서 목성 다음으로 크다. 지구에 비하면 적도 반지름은 약 9배, 부피는 약 750배, 질량은 약 95배이다.
- 토성에는 달이 적어도 20개가 있는데, 특히 토성의 고리가 잘 보이지 않을 때 못 보던 달을 볼 수 있다.
- 토성의 고리는 반지 같은 게 아니라 눈과 얼음으로 된 크고 작은 덩어리들로 이루어져 있다. 어떤 것은 먼지만 하고, 어떤 것은 집채보다 더 크다.
- 토성은 목성처럼 주로 수소로 이루어져 있고, 대기가 구름으로 덮여 있다. 단단한 중심부와 액체 수소를 기체 수소가 둘러싸고 있다. 수소는 가벼운 기체이기 때문에, 토성을 집어넣을 만큼 큰 바다가 있다면, 그 바다에 토성이 둥둥 뜰 것이다.

천왕성

우라노스

 우라노스는 대지의 여신인 가이아의 남편이자, 하늘의 왕이었어요('우라노스'는 그리스의 옛말로 '하늘'을 뜻해요). 우라노스는 가이아와 함께 수많은 신들과 거인들을 낳았어요. 우라노스는 그렇게 수많은 자녀를 낳은 신으로 유명한데, 막상 우라노스 자신에 대한 얘기는 별로 없답니다.

 우라노스는 최초의 남신으로, 우주를 다스리다가 아들 크로노스에게 패배해서 왕좌를 물려주었고, 크로노스는 다시 제우스에게 져서 왕좌를 물려주었어요. 그런데 제우스도 머잖아 그렇게 될 운명이라는 신탁이 나왔답니다. 제우스의 첫 번째 아기는 딸일 테지만, 다시 아기를 낳으면 아들일 테고, 이 아들이 신들의 왕이 될 거라는 신탁이었어요.

 제우스는 아버지나 할아버지와 마찬가지로 자신도 왕좌에서 쫓겨날까 봐 마음을 졸였어요. 그래서 첫 번째 아내인 메티스가 임신을 했다고 하자 제우스는 아이가 딸인지 아들인지 알아볼 생각도 하지 않고, 다짜고짜 아내를 꿀꺽 삼켜 버렸지요.

그후 제우스는 머리가 지끈거리기 시작했어요. 그러나 별의별 방법을 다 써 봐도 두통을 없앨 수가 없었답니다. 마침내 그는 대장장이 신 헤파이스토스를 불러서 두통을 몰아내 달라고 부탁했어요. 헤파이스토스가 우람한 도끼로 제우스의 두개골을 쪼개자, 그의 머리 속에서 갑옷을 입고 창을 든 젊은 여자가 불쑥 나타났어요. 바로 아테나가 태어난 거예요. 제우스는 아테나가 자기 딸이라는 사실을 바로 알 수 있었어요. 아테나의 호수 같은 두 눈과 빛나는 머리칼에 반한 제우스는 차마 아테나를 내칠 수가 없었지요. 아테나는 전쟁과 지성의 여신이고, 예술과 기술과 수공업의 신이기도 하답니다.

옷감을 짜는 것도 아테나의 기술 가운데 하나였어요. 다른 많은 신들과 마찬가지로 아테나도 여간 샘이 많지 않아서, 남이 자기보다 더 잘난 꼴을 보지 못했지요.

바로 그 때문에 아테나의 미움을 받게 된 처녀가 있었답니다. 열일곱 살짜리 시골처녀였던 아라크네는 베를 아주 잘 짰어요. 날이 갈수록 솜씨가 부쩍부쩍 느는데다 늘 독창적인 솜씨를 발휘해서, 아라크네는 매번 지난번보다 훨씬 더 뛰어난 작품을 만들어 냈지요.

천왕성 관측

- 천왕성은 항상 똑같아 보인다. 쌍안경으로 보아도 하나의 밝은 점으로만 보이기 때문이다. 그게 항성이 아니라 행성인 천왕성이라는 것을 알아보려면, 행성들의 예상 위치를 먼저 알아야 한다(〈행성찾기〉 참고). 물론 망원경이 있으면 더 쉽게 찾을 수 있다.

- 천왕성 둘레를 도는 위성은 이제까지 22개가 발견되었다. 그런데 위성들은 쌍안경으로는 보이지 않는다. 커다란 망원경을 가진 노련한 아마추어 천문인이라면 4개의 위성을 발견할 수 있을 것이다.

베짜는 기술로 소문이 자자했던 아라크네는 신들의 생애를 그린 벽걸이융단을 만드는 일을 맡게 되었어요. 그녀가 양털 실로 표현해 낸 인물들은 마치 살아 움직이는 듯했답니다. 마을 사람들은 아름다운 융단에 대해 입에 침이 마르도록 칭찬을 해댔지요. 아라크네는 제 솜씨에 우쭐한 나머지, 아테나 여신도 자기만큼 멋진 융단을 짜지는 못할 거라고 뻐기게 되었어요.

이 말을 전해 들은 아테나는 호기심이 동해서 아라크네의 작품을 직접 감상해 보기로 했답니다. 아테나는 아라크네가 사는 마을에 가서, 융단을 좀 보여 달라고 부탁했어요. 아라크네는 위대한 여신이 직접 찾아온 게 영광스러웠지만, 자기가 허풍떤 얘기를 아테나가 전해 들었을까 봐 가슴이 덜컥했지요.

아테나는 아라크네의 융단을 꼼꼼히 살펴보았어요. 그리고 젊은 시골 처녀가 공들여 만든 작품에 감탄을 하지 않을 수 없었지요. 자기도 이만한 작품을 만들 수는 없다는 생각이 든 아테나는 호기심이 금세 심술로 바뀌었어요. 그래서 씩씩거리며 아라크네의 융단을 갈가리 찢어 버리고 말았지요.

아라크네는 겁에 질린 채 자기 작품이 망가지는 것을 지켜보는 수밖에 없었어요. 가슴이 미어진 아라크네는 눈물을 떨구며 근처의 숲으로 뛰어 들어갔어요.

아테나는 갈가리 찢어진 융단을 바라보자 비로소 분이 풀렸어요. 하지만 자기보다 더 솜씨가 좋은 사람이 있다는 것은 참을 수 없는 일이었지요. 아테나는 숲으로 뒤따라가서 아라크네를 거미로 만들어 버렸어요('아라크네'는 그리스 옛말로 '거미'를 뜻한답니다). 거미가 된 아라크네는 전처럼 실을 자아내서 아름다운 문양을 만들 수 있었지만, 이제는 아무도 그 솜씨가 아테나보다 더 뛰어나다고는 생각하지 않게 되었답니다.

행성 이야기

- 천왕성은 1781년에 윌리엄 허셜이 처음 발견했다. 그는 손수 만든 망원경으로 이 행성을 찾아냈다.

- 이 행성의 고리 11개가 1977년에야 발견된 것은 그 고리가 워낙 얇기 때문이다. 희미하고 폭도 좁아서 망원경으로도 그 고리를 보기 어렵다.

- 천왕성의 지름은 지구의 4배이다. 그 부피는 지구 64개쯤을 뭉쳐 놓은 것과 같다.

- 지구에 닿는 햇빛의 양을 10,000이라고 하면 천왕성에 닿는 햇빛은 3(다시 말하면 0.03퍼센트)밖에 안 된다.

- 행성 옆에서 태양 쪽을 바라볼 때 모든 행성은 왼쪽(서쪽)에서 오른쪽(동쪽)으로 공전한다. 자전하는 방향도 마찬가지이다. 그러나 금성과 천왕성과 명왕성만은 자전하는 방향이 반대이다(동쪽에서 서쪽으로 자전한다). 그래서 이 세 행성에서는 해가 서쪽에서 떠서 동쪽으로 진다.

해왕성

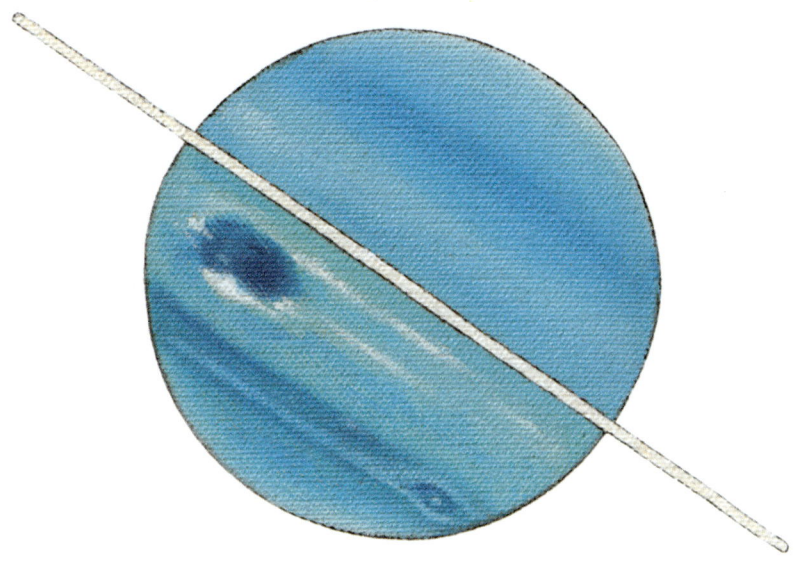

포세이돈(넵튠)

 신들의 왕이 된 제우스는 형 포세이돈에게 바다를 다스리게 했어요. 포세이돈은 바다가 워낙 넓어서 처음에는 아주 흐뭇했지요. 그는 바다 속에 으리으리한 궁전을 짓고, 산호와 조가비와 바다괴물 그림으로 궁전을 아름답게 꾸몄어요. 그리고 바다의 여신인 암피트리테와 결혼해서 행복하게 살았지요.

 포세이돈은 키클롭스가 준 막강한 삼지창으로 바다를 소용돌이치게 하거나 잠재울 수 있었어요. 또 삼지창을 휘둘러 바위를 말로 변하게 하기도 해서, 포세이돈은 '말의 신'으로 불리기도 했지요. 그는 흰 전차를 끄는 멋진 말들을 길렀는데, 그 말들은 갈기와 굽이 황금빛으로 빛났어요.

 그런데 차츰 세월이 흐르자 포세이돈은 모든 게 시큰둥해졌어요. 바다도 궁전도 말도 이제는 따분해졌고, 공연히 심통이 나곤 했지요. 화가 날 때

면 그는 삼지창을 휘둘러서 바다를 가르거나 산을 무너뜨리곤 했어요. 사람들은 지진이 일어날 때마다 포세이돈을 원망하게 되었지요.

포세이돈은 바다만이 아니라 땅도 다스리고 싶었어요. 그래서 그는 제우스의 딸이자 전쟁의 여신인 아테나가 다스리는 도시, 아테네를 빼앗을 궁리를 하기 시작했답니다. 그는 아테네를 위해 아테나보다 더 좋은 일을 해 줄 수 있다고 주장했어요. 그 이야기를 듣고 아테나는 그렇다면 어디 한 번 해 보라고 말했지요. 포세이돈이 삼지창으로 바위를 치자, 바위에서 샘물이 콸콸 솟아났어요. 그건 정말 놀라운 선물 같았어요. 그런데 알고 보니 그 샘물은 짜디짠 바닷물이었지 뭐예요.

아테나도 뭔가 선물을 주지 않을 수 없었어요. 그래서 아테나는 올리브 나무를 선물해 주었어요. 이 나무는 무럭무럭 자라서, 아테네 사람들은 올리브 과일과 올리브유(올리브 과일에서 짜낸 기름)를 마음껏 먹을 수 있었지요. 훗날 올리브 나뭇가지는 평화를 상징하게 되었답니다.

포세이돈은 아테나의 선물을 보고 코웃음을 치며, 힘이 센 자가 아테네를 다스려야 한다고 주장했어요. 전쟁의 여신인 아테나가 겨뤄 보지도 않고 물러설 수는 없었지요. 하지만 아무래도 아테나보다 힘이 센 포세이돈이 이길 게 분명해 보였어요.

해왕성 관측

- 해왕성이 푸르스름하게 보이는 까닭은 두꺼운 대기의 성분(수소와 헬륨, 메탄가스) 때문이다.
- 해왕성은 천왕성보다 조금 작은데, 지구에서 더 멀리 떨어져 있어서 찾기도 더 어렵다.
- 해왕성의 위치를 안다고 해도, 그게 항성인지 행성인지를 구분하려면 망원경이 꼭 있어야 한다.

제우스는 포세이돈과 아테나가 싸우는 걸 바라지 않았어요. 싸움이 일어나기 전에 그는 모든 신들을 모아 놓고 투표를 하게 했지요. 포세이돈과 아테나 가운데 누가 더 아테네에 좋은 선물을 했을까? 남신들은 모두 포세이돈에게 표를 던졌고, 여신들은 아테나에게 표를 던졌어요. 아테나가 한 표 차이로 이겼지요. 화가 난 포세이돈은 아테네를 물바다로 만들어 버렸어요. 신전을 무너뜨리고 집과 농장과 마을도 모두 쑥밭으로 만들어 버린 거예요. 하지만 그는 아테네를 차지할 수는 없었답니다.

행성 이야기

- 해왕성은 태양계에서 목성, 토성, 천왕성 다음으로 크다. 해왕성에 닿는 햇빛의 양은 지구에 닿는 햇빛의 1만 분의 1(0.01퍼센트)밖에 안 된다.

- 행성 가운데서 바람이 가장 세차게 부는 곳이 해왕성이다. 바람의 속도는 시속 2,000킬로미터에 이른다.

- 해왕성의 달은 8개가 발견되었다.

- 희미한 고리가 발견된 때는 1984년에 들어서이다. 이 고리는 주로 먼지로 이루어져 있다.

- 해왕성이 실제로 발견되기 전에도 천문학자들은 이것이 존재할 거라고 확신했다. 천왕성의 궤도가 약간 불규칙한데, 뭔가 다른 행성이 또 있어서 중력이 작용해야만 했던 것이다. 천문학자들은 수학 공식을 이용해서 이 행성이 밤하늘 어디에 있는지 알아냈고, 마침내 태양계의 여덟 번째 행성을 발견하게 되었다.

명왕성

하데스(플루토)

 하데스는 지하세계, 곧 죽은 자들이 간다는 저승세계를 다스린 신이었어요. 옛 그리스 사람들은 사람이 죽으면 몸은 썩어도, 착했든 악했든 간에 그 영혼은 죽지 않고 저승세계에 가서 살게 된다고 믿었답니다.
 저승세계로 가는 방법은 두 가지가 있었어요. 서쪽으로 끝까지 가거나 지하로 연결된 틈바구니를 찾으면 된다고 했지요.
 전령의 신인 헤르메스는 죽은 사람들이 저승세계로 가는 길을 안내해 주는 일도 했어요. 그는 죽은 사람들의 영혼을 스틱스 강으로 데려다 주었지요. 스틱스 강은 원망이나 한탄의 강이라는 뜻이랍니다. 여기서 뱃사공 카론이 강을 건네주고 뱃삯을 받았어요. 죽은 사람을 땅에 묻기 전에 입에 동전을 넣어 주는 이유는 바로 이 뱃삯을 치르게 하기 위해서랍니다.

뱃삯이 없어서 배를 타지 못한 영혼은 강을 건너지 못하고 유령이 되어 떠돌게 되거든요.

죽은 사람의 영혼이 저승에 도착하면, 망각의 강이라는 뜻의 레테 강 물을 마시고, 살아생전의 일을 모두 잊게 된답니다.

저승이라고 해서 어디나 다 똑같은 건 아니었어요. 착하거나 용감한 일을 많이 해서 신들을 기쁘게 한 사람은 가장 서쪽의 낙원으로 가서 아주 행복하게 살았지요. 그러나 나쁜 짓을 많이 해서 신들을 노엽게 한 사람은 저승에서 가장 밑바닥에 있는 타르타로스에 떨어져서 혹독한 벌을 받았어요.

일단 저승에 도착한 영혼은 다시는 그곳을 벗어날 수가 없었어요. 머리가 세 개인 개 케르베로스가 저승의 문을 단단히 지키고 있었거든요.

하데스는 웃을 줄을 모르는 음침한 신이었어요. 지하세계의 모든 보물을 독차지하고 있으면서도 그는 기뻐할 줄을 몰랐지요. 그래도 하데스는 지하세계를 공정하게 다스렸답니다. 그러나 다른 신들이 그를 좋아하지 않아서, 하데스가 자기 왕국을 떠나는 일은 거의 없었어요.

하데스는 라다만티스, 미노스, 아이아코스라는 세 재판관에게 죽은 사람들을 재판하게 했어요. 재판관들은 모두 제우스의 아들이었는데, 지혜롭고 공정해서 재판관으로 뽑혔지요. 그들의 재판에 따라, 영혼이 영원한 행복의 세계로 가게 될지, 끝없는 고통의 세계로 가게 될지가 결정났어요. 하데스는 세 재판관들의 의견이 서로 다를 때에만 나서서 최종 결정을 내렸다고 해요.

명왕성 관측

- 명왕성은 아주 희미해서, 이 행성을 보려면 적어도 렌즈 지름이 30센티미터는 되는 망원경이 필요하다.
- 명왕성은 아마추어 망원경으로 볼 때 원반처럼 보이지 않는 유일한 행성이다.
- 명왕성의 위치를 알아낸 후, 며칠 혹은 몇 주 동안 계속 관측해 보자. 희미한 별들을 배경으로 어떻게 움직이는지 꾸준히 살펴보면, 이 행성이 정말 떠돌이라는 것을 실감할 수 있다.

때로 하데스는 몸이 안 보이게 하는 투구를 쓰고 세상을 돌아다니기도 했어요. 사람들은 하데스를 무서워해서 그의 이름을 입에 담지 않으려고 했지요. 혹시 하데스가 곁에서 말을 엿듣고 저승으로 끌고 갈까 봐 겁을 낸 거예요.

하데스는 매력적인 요정들을 찾아 땅 위로 올라가기도 했지만, 늘 외톨이로 살았답니다. 그래서 그는 아내를 두고 싶었지요.

제우스는 형제인 하데스를 도와주기 위해, 그에게 페르세포네와 결혼해도 좋다고 허락을 했어요. 하지만 대지와 수확의 여신인 데메테르의 딸, 페르세포네는 어머니 곁을 떠나 어두운 지하세계에서 살고 싶지 않았답니다. 그래도 제우스는 페르세포네의 마음은 아랑곳하지 않고, 신붓감을 납치하라고 하데스를 부추겼어요.

하데스는 검은 말들이 끄는 황금빛 마차를 타고 눈부신 땅 위 세상으로 올라왔어요. 그리고 페르세포네가 혼자 들판을 거닐며 꽃을 따고 있는 모습을 발견했지요. 하데스는 페르세포네를 와락 붙잡아 마차에 싣고, 어둡고 음침한 지하세계로 데려가서 그녀를 왕비로 삼았어요.

하데스는 페르세포네를 왕비의 자리인 검은 대리석 의자에 앉혔어요. 그리고 아름다운 왕비에게 온갖 귀중한 보물을 선물했지요. 하지만 그

행성 이야기

- 천문학자들이 아홉 번째 행성이 존재할 거라고 생각한 후 실제로 명왕성을 발견하기까지 20여 년이 걸렸다. 명왕성은 미국 로웰 천문대의 클라이드 톰보가 1930년에 발견했다. 명왕성이라는 이름은 당시 11세였던 톰보의 딸 베니샤 버니가 제안한 것이다.

- 명왕성은 행성들 가운데 궤도가 가장 길쭉하다. 1979년부터 1999년까지 명왕성은 지구에 가까이 있었다. 이때 명왕성은 해왕성 궤도 안쪽에 있었기 때문에, 해왕성이 가장 바깥에 있는 행성이 되었다. 이런 일은 248년마다 일어난다.

- 명왕성은 태양계에서 가장 작은 행성이다. 어떤 천문학자들은 명왕성을 행성이라고 할 수 없다고 주장한다. 크기나 물리적 성질로 볼 때 해왕성의 위성이 떨어져 나간 것으로 보이기 때문이다.

- 명왕성에는 달이 딱 하나 있는데, 크기는 명왕성의 반쯤 된다. 이 달의 이름은 저승의 강을 건네준다는 뱃사공 '카론'이다.

걸로 그녀를 행복하게 해 줄 수는 없었답니다. 페르세포네는 맛있는 음식을 주어도 먹지 않고, 날이면 날마다 울기만 했어요.

데메테르는 딸이 산책을 나갔다가 돌아오지 않자 가슴이 덜컥 내려앉았어요. 그녀는 딸을 찾아 온 세상을 헤매고 돌아다녔지요. 들판의 곡식을 돌보는 일까지 내팽개치고 말이에요. 그러자 지상의 모든 식물이 시들시들 죽어 가기 시작했어요. 수확의 여신이 불행해지자 세상에는 아무 것도 자라지 않았지요.

데메테르는 페르세포네의 마지막 모습을 본 목격자를 찾으려고 했어요. 그녀는 먼저 태양에게 물어 보았는데, 페르세포네가 사라질 때 하늘에 어두운 구름이 덮여 있어서 태양은 아무 것도 볼 수 없었다고 했어요.

데메테르가 돼지 치는 사람을 만났을 때였어요. 그 사람이 말하길, 열렸던 땅이 다시 닫힐 때 어떤 여자의 비명이 들렸다는 거예요. 데메테르는 자기 딸이 하데스에게 납치되었다는 사실을 알게 되었지요.

데메테르는 제우스에게 딸을 돌려 달라고 요구했어요. 하지만 제우스는 딱 잘라 거절했답니다. 데메테르는 화가 치밀었어요. 잔뜩 화가 나고 슬픔에 빠진 그녀는 세상의 식물들을 초록색으로 키워 내는 일을 그만둬 버렸어요. 들판에는 식물이 자라지 않아서 동물도 먹을 게 없었고, 사람들도 굶어 죽기 시작했지요. 제우스는 하는 수 없이 마음을 바꾸어, 하데스에게 페르세포네를 돌려주라고 말했어요.

제우스의 말을 듣지 않을 수 없었던 하데스는 꾀를 내서, 페르세포네에게 석류 씨앗을 먹게 했어요. 저승에서 뭔가를 먹은 사람은 저승을 벗어날 수가 없거든요. 페르세포네는 씨앗 4개를 먹었어요. 그래서 제우스는 페르세포네가 일년 열두 달 가운데 네 달은 지하세계에서 살게 했어요.

그녀가 어머니와 함께 있을 때에는 세상이 초록색으로 물들고 풍성한 열매를 맺었어요. 하지만 가을이 되어 페르세포네가 지하세계로 돌아가면 데메테르는 다시 슬픔에 잠겼어요. 그러면 딸이 다시 돌아오는 봄까지, 땅에는 풀도 나무도 자라지 않게 되었답니다.

행성비교

	수성	금성	지구	화성
색깔	살짝 연노랑 빛을 띤 흰색(태양 빛을 반사해서)	다소 진한 노란색을 띤 흰색(태양 빛과 금성의 구름 빛이 섞여서)	푸르고 흰 빛	연붉은 오렌지 빛. 큰 망원경으로 보면, 배경의 붉은 빛에 대비되어 초록색으로 비치는 회색 얼룩무늬가 언뜻 보인다. 화성은 작은 망원경이나 때로 맨눈으로도 그 색깔을 알아볼 수 있는 유일한 행성이다.
태양까지의 거리	5천 8백만 킬로미터	1억 8백만 킬로미터	1억 5천만 킬로미터	2억 2천 8백만 킬로미터
하루의 길이 (행성이 한 바퀴 자전하는 데 걸리는 시간)	59지구일	243지구일	24시간(1지구일)	24시간 37분 (1.029지구일)
1년의 길이 (행성이 태양 둘레를 한 바퀴 공전하는 데 걸리는 시간)	88지구일	224.7지구일	365지구일(1지구년)	1.9지구년
몸무게의 변화 (지구에서 잰 몸무게가 45킬로그램일 때 다른 행성에서는? 지구보다 중력이 약하면 무게가 가벼워진다.)	17킬로그램	41킬로그램	45킬로그램	17킬로그램

목성	토성	천왕성	해왕성	명왕성
아주 조금 노란색을 띤 흰색. 큰 망원경으로 보면 연노랑과 오렌지 빛과 갈색이 섞여 있다.	연노랑 원반과 그보다 하얀 고리	연한 청록색	연한 청색	오렌지 빛이 도는 흰색
7억 7천 8백만 킬로미터	14억 킬로미터	29억 킬로미터	45억 킬로미터	59억 킬로미터
9시간 50분 (0.410지구일)	10시간 40분 (0.444지구일)	17시간 14분 (0.718지구일)	16시간 3분 (0.669지구일)	6.5지구일
12지구년	29.5지구년	84지구년	164.8지구년	247.7지구년
114킬로그램	48킬로그램	41킬로그램	51킬로그램	3.6킬로그램

행성찾기

먼 옛날 사람들은 지구에서 일어나는 일들이 밤하늘 별들의 영향을 받는다고 생각했답니다. 그래서 별들을 관찰하는 일은 여간 중요하지 않았어요. 옛날 천문학자들은 행성들의 움직임을 끈질기게 추적해서 관찰 기록을 남겼어요. 그러면서 하늘에 대해 많은 것을 알게 되었지요. 오늘날 우리가 사용하는 망원경도 없이, 순전히 맨눈으로 말이에요.

그러한 최초의 과학자들처럼 여러분도 밤하늘 행성을 찾아낼 수 있어요. 쌍안경이나 망원경을 쓰거나 아니면 맨눈으로라도, 별들을 배경으로 떠돌아다니는 행성들의 움직임을 관찰해 보면 아주 흥미롭답니다.

행성은 별들의 지도(성도)에 나타나 있지 않아요. 그 이유는 행성의 위치가 늘 변하기 때문이에요. 때로는 행성이 전혀 보이지 않을 때도 있어요. 행성을 찾을 수 있는 가장 좋은 시간을 알기 위해서는 천문달력을 이용하거나, 〈별바라기〉라는 무료 프로그램을 이용해 보세요. 〈sky map〉이나 〈the sky〉, 〈starry night〉 등 데모 프로그램을 써 봐도 좋을 거예요. 한국천문연구원 웹 사이트(http://www.kao.re.kr)에 들르면 온갖 자료를 얻을 수 있고, 이곳에서 다른 온갖 관련 사이트에 접속할 수 있어요.

직접 체험을 해 보고 싶다면 어떻게 할까요? 강원도 횡성의 치악산 끝자락에 있는 사설 과학관 천문인 마을(http://www.astrovil.co.kr)에서 여는 어린이 캠프나 가족 캠프에 참여해 보는 것도 멋질 거예요.

밤하늘을 보며 별과 행성을 관측해 보면 정말 보람된 시간을 보낼 수 있어요. 지구에서 다른 행성까지의 거리는 정말 까마득히 먼데, 그 행성들의 생김새를 바라보는 일은 정말 놀라운 경험이 될 거예요. 과학자들이 아주 오랫동안, 그야말로 몇천 년 동안 밤하늘을 연구해 왔지만, 지금도 가끔 아마추어 천문인이 아주 중요한 발견을 하기도 한답니다.

천문학적으로 중요한 발견을 하지는 않더라도, 밤하늘을 자주 바라보면 정말 놀라운 기쁨과 지혜의 빛을 발견할 수 있을 거예요.

낱말풀이

공전, 공전주기, 자전: 행성이 팽이처럼 도는 것을 자전(自轉: 스스로 혼자서 돎)이라고 하고, 태양 둘레를 크게 도는 것을 공전(公轉: 더불어 여럿이 돎)이라고 한다. 각 행성이 공전을 하는 데 걸리는 시간은 늘 일정한데, 그 시간을 공전주기라고 한다. 공전주기는 곧 1년의 길이이다. 그런데 행성은 어느 방향으로 공전할까? 우리의 태양계는(은하계도) 납작하게 생겼다(접시와 비슷한 모습). 이 태양계 전체를 위에서 굽어보면 행성들은 모두 시계 반대 방향으로 공전한다. 밑에서 쳐다보면 어떨까? 물론 시계 방향으로 공전한다. 궤도 밖에서 태양 쪽을 바라보면 어떨까? 모든 행성이 왼쪽(서쪽)에서 오른쪽(동쪽)으로 공전한다(보통의 책에는 다짜고짜 태양계의 행성이 서쪽에서 동쪽으로 공전한다고만 쓰여 있다). 이 방향은 마개나 자물쇠가 열리는 방향이기도 하다. (왜 오른쪽을 동쪽이라고 할까? 그건 스스로 추측해 보자.)

내행성, 외행성: 본문 중 9쪽 〈어느 것이 행성일까〉 참고

대기: 행성 등의 천체를 둘러싸고 있는 기체

별자리: 하늘의 별들이 신화 속의 인물이나 동물을 닮았다고 상상해서 무리를 지어 나눠 놓은 것. 모두 88개가 있다.

소행성: 소행성(小行星)은 작은 행성이라는 뜻으로, 우주에 있는 바위나 금속 덩어리를 가리키는 말이다. 주로 화성과 목성의 공전 궤도 사이에서 태양 둘레를 돌고 있다. 가장 큰 것은 지름이 900킬로미터가 넘는다. (본문 26쪽 〈소행성과 지구〉 참고)

운석, 유성, 유성우: 유성(流星: 흐르는 별)은 지구 대기로 들어와서 대기와의 마찰로 빛을 내며 타는 천체인데, 흔히 별똥별이라고 한다. 반지름 10킬로미터의 소행성도 유성이 될 수 있고, 티끌 하나라도 유성이 될 수 있다. 유성이 타고 남은 것을 운석(隕石: 떨어질 운, 돌 석)이라고 한다. 유성이 소나기처럼 쏟아지는 것은 유성우(流星雨: 유성비)라고 한다.

적도: 행성이나 위성을 남북으로 똑같이 둘로 나누는 상상의 원. 이렇게 나눈 북쪽 반은 북반구, 남쪽 반은 남반구이다.

중력(重力): 한자말 중력은 '무게의 힘'을 뜻한다. 영어로는 중력을 gravity(그래버티)라고 하는데, 이 말도 '무게'를 뜻하는 라틴어에서 나왔다. 중력의 크기는 질량에 비례한다.

지축과 계절: 팽이가 돌 때 회전축이 있는 것처럼 지구에도 축이 있고, 그게 바로 지축(地軸: 지구의 축)이다. 다시 말하면 지구의 북극과 남극을 꿰뚫는 상상의 직선이 지축이다. 지축은 지구가 태양을 도는 궤도면에 대해 66도 33분 기울어져 있다. 1년 가운데 반년은 북극 쪽이, 반년은 남극 쪽이 태양 쪽으로 기울어진다. 태양 쪽으로 기울어져 있을 때 당연히 햇빛을 더 많이 받게 된다. 햇빛을 가장 많이 받을 때가 여름이고, 그 반대가 겨울이다.

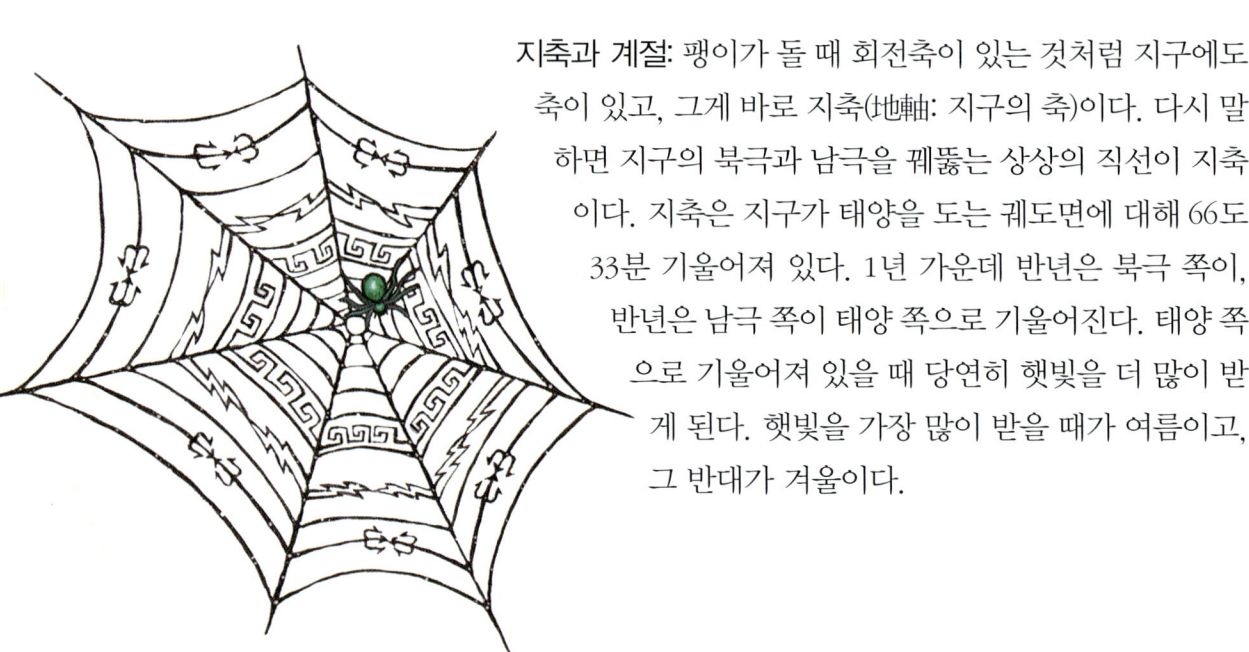

천문학, 천문학자, 천문인, 천체: 천문학을 연구하는 사람이 천문학자이다. 천문인은 별과 행성 관측을 즐기는 사람. 천문학은 천체(천문학의 연구 대상이 되는 항성과 행성 등 물질 전부)를 비롯한 우주 전체를 연구하는 과학이다.

항성(恒星), 행성(行星), 위성(衛星): 항상 같은 별자리에서 빛나는 별(붙박이별)이 항성이고, 떠돌아다니는 별(떠돌이별)은 행성이다. 호위하듯 행성 둘레를 도는 별은 위성이다. 지구의 달도 위성이고 목성의 달도 위성인데, 태양계에는 9개의 행성이 있고, 그중 7개에 많은 위성이 있다. 행성을 혹성(惑星)이라고 하는 사람도 있는데, 혹성은 우리 한자말이 아니라 일본 한자말이다.

황도(黃道), 황도 12궁(黃道十二宮): 노란색 황黃, 길 도道, 황도는 천구(하늘을 공으로 본 것)에서 태양이 지나가는 길을 뜻한다. 이 황도에 황도 12궁이 위치해 있다(10쪽 〈황도와 황도 12궁〉 참고).

혜성(彗星): 밝을 혜彗, 별 성星. 혜성은 정말 밝다. 우리 태양계 안에서 타원이나 포물선을 그리며 태양 둘레를 도는 긴 꼬리를 가진 천체가 혜성이다. 혜성은 태양에 가까워질수록 꼬리가 길어진다. 태양계에서 발견된 혜성은 약 1,000개이다.

찾아보기

ㄱ

가니메데(목성의 세 번째 위성/제우스의 시동) 33, 36
가이아(대지의 여신) 13, 15, 25, 26, 37, 38, 40
금성 9, 13, 14, 19, 20, 21, 24, 33, 44

ㄴ

내행성(지구 안쪽에서 태양의 주위를 도는 행성) 9
넵튠(해왕성/포세이돈의 영어식 이름) 13, 45

ㄷ

달(지구 주위를 돌고 있는 유일한 자연위성) 10, 16, 21, 24, 31, 33, 36, 38, 40, 48, 52
대적점(목성의 남위 20° 부근에서 붉은색으로 보이는 타원형의 긴 반점) 33
데메테르(대지와 수확의 여신) 40, 52, 53
데이모스(화성의 두 번째 위성/패배 또는 참패를 뜻함/아레스와 비너스 사이에서 태어난 쌍둥이 형제 중 하나) 31
델피(델포이의 옛 이름이며 신탁으로 유명한 아폴론의 신전이 있던 고대 도시) 15, 16
델피의 신탁 15
디오네(토성의 네 번째 위성/제우스의 애인) 38
떠돌이별(행성) 9

ㄹ

라다만티스(미노스와 형제이며 죽은 뒤에 저승의 재판관이 됨) 50
레아(토성의 위성/크로노스의 아내) 37, 38
레테 강(망각의 강) 50

ㅁ

망원경 고르기 11
머큐리(수성/헤르메스의 영어식 이름) 13, 18
메티스(바다의 여신/제우스의 첫 번째 아내) 38, 41
명왕성(태양계의 가장 바깥쪽 행성) 9, 10, 13, 14, 19, 44, 49, 50, 52,
목성(태양계에서 가장 큰 행성) 9, 13, 14, 29, 31, 32, 33, 36, 40
미노스(크레타의 왕이며 죽은 뒤에 저승의 재판관이 됨) 50

ㅂ

백두거인 26, 37, 40
백수거인 26
베니샤 버니 52
별똥별(유성) 26, 57
별자리 9, 10, 57
붙박이별(항성) 9, 10, 59
브론테스(우레/키클롭스) 25
비너스(금성/아름다움과 풍요의 여신인 아프로디테의 영어식 이름) 13, 20

ㅅ

새턴(토성/크로노스의 영어식 이름) 13
소행성(주로 화성의 공전궤도와 목성의 공전궤도 사이에서 태양 주위를 돌고 있는 작은 천체들) 26, 31, 57
수성(태양계에서 태양에 가장 가까운 행성) 9, 13, 14, 15, 16, 19, 24, 36, 38
스테로페스(번개/키클롭스) 25
쌍안경 고르기 11

ㅇ

아라크네(거미/베를 짜는 솜씨가 뛰어났던 여인의 이름) 42, 44
아레스(화성의 그리스식 이름/전쟁의 신) 13, 22, 28, 29, 31
아르게스(벼락/키클롭스) 25
아이아코스(제우스의 아들/죽은 뒤에는 저승의 재판관이 됨) 50
아테나(전쟁과 지성의 여신) 35, 42, 44, 47, 48
아테네(그리스의 수도) 47, 48
아폴론(새벽의 수성/태양신) 15, 16, 18, 19, 21
아프로디테(아름다움의 여신) 12, 13, 20, 21, 22, 24, 29, 31, 32, 35
암피트리테(포세이돈의 아내) 33
에우로파(목성의 두 번째 위성으로 영어식 이름은 유로파/미노스의 어머니) 33
에이새프 홀(데이모스와 포보스를 발견한 미국의 천문학자) 31
에피메테우스(프로메테우스의 동생/ '나중에 생각하는 사람' 이라는 뜻) 35, 36
에피알테스(포세이돈의 아들) 29
오토스(포세이돈의 아들) 29
올림포스 산(그리스에서 가장 높은 산) 13, 14, 16, 19, 21, 29, 31, 32

올림푸스 몬스(화성 표면 타르시스 지역 북서쪽에 있는 태양계 최대의 화산) 31
올림픽 대회 14
외행성(지구 바깥쪽에서 태양의 주위를 도는 행성) 9
우라노스(천왕성/최초의 남신이자 크로노스의 아버지) 13, 14, 25, 26, 27, 37, 41
운석(유성체가 대기 중에서 완전히 소멸되지 않고 지상에까지 떨어진 광물의 총칭) 19, 26, 57
유성(별똥별) 27, 57
이오(목성의 첫 번째 위성/제우스의 애인) 33
이코르(신의 피) 13

ㅈ

제우스(목성/신들의 왕) 13, 14, 15, 16, 19, 21, 22, 28, 29, 32, 33, 35, 36, 38
제피로스(서풍의 신) 21
주피터(제우스의 영어식 이름) 13, 32
중력 9, 19, 31, 48
지구 9, 10, 13, 14, 15, 16, 19, 21, 24, 25, 26, 27, 29, 33, 35, 40, 44, 47, 48, 52
지하세계(저승) 14, 26, 27, 29, 32, 37, 40, 49, 50, 52, 53

ㅊ

천왕성 9, 13, 14, 41, 42, 44, 47, 48

ㅋ

칼리스토(목성의 네 번째 위성/신화에 나오는 님프이며 제우스의 사랑을 받아 아르카스를 낳음) 33
케르베로스(지옥의 문을 지키는 개) 50
코엘루스(천상의 신/우라노스의 로마식 이름) 13
큐피드(사랑의 신/에로스의 영어식 이름) 22
크레이터(위성이나 행성 표면에 널려 있는 크고 작은 구덩이) 19, 26
크로노스(제우스의 아버지) 13, 26, 27, 37, 38, 40, 41
클라이드 톰보(명왕성을 발견한 미국의 천문학자) 52
키클롭스(외눈박이 거인) 25, 26, 37, 40, 45

ㅌ

타르타로스(가이아의 아들/저승의 밑바닥이나 나락을 의미하기도 함) 50
태양 9, 10, 11, 16, 21, 24, 26, 29, 33, 44, 53, 57, 58, 59

태양계 9, 27, 31, 33, 36, 38, 40, 48, 52, 57, 59
테라(가이아의 로마식 이름) 13
테티스(토성의 위성/바다의 여신) 38
토성 9, 11, 13, 14, 37, 38, 40, 48
티탄(토성의 위성 중 가장 큰 것/영어로는 타이탄이라고 함) 26, 33, 37, 38

ㅍ

파르나소스 산(그리스 중남부 핀도스 산맥에 있는 석회암 산) 15, 16
판도라(그리스 신화에 나오는 인류 최초의 여성) 35, 36
페르세포네(데메테르의 딸이자 지하세계의 여왕이며 하데스의 아내) 52, 53
포보스(화성의 위성/아레스의 아들로 공포의 신) 31
포세이돈(바다의 신) 13, 14, 21, 29, 32, 40, 45, 47, 48
푸리아이(복수의 여신/에리니에스라고도 함) 27
프로메테우스(인간에게 불을 전해 준 티탄족/ '먼저 생각하는 사람' 이라는 뜻) 33, 35
플루토(명왕성/하데스의 영어식 이름) 13, 49
피톤(델피 신전을 지킨 검은 용) 15, 16, 17

ㅎ

하데스(지하세계의 신) 13, 14, 29, 32, 40, 49, 50, 52, 53
해왕성 9, 13, 14, 45, 47, 48, 52
행성
    색깔 54~55
    태양까지의 거리 54~55
    찾기 56
    중력 54~55
    하루의 길이 54~55
    1년의 길이 54~55
윌리엄 허셜(천왕성을 발견한 사람으로 독일 출생의 영국 천문학자) 44
헤라클레스(그리스 신화에서 가장 힘이 세고 용감한 영웅) 35
헤르메스(전령의 신) 13, 15, 16, 18, 19, 21, 31, 35, 49
헤파이스토스(대장장이 신) 16, 22, 35, 42
혜성 19, 59
혼돈(카오스) 25
화성 9, 13, 14, 28, 29, 31
황도 12궁 10, 59

지은이와 그린이

지은이 조앤 마리 갤러트는 캐나다의 앨버타 주 에드먼턴 근교에 살면서, 여러 웹 사이트에서 작가로 활동하고 있다. 프리랜서로 수많은 잡지에 글을 발표했을 뿐 아니라, 만화와 멀티미디어, 전시회를 위한 글과 라디오 대본 등을 썼고, 조앤 힌즈라는 이름으로 『밤하늘의 선물-별자리 이야기』를 펴냈다.

조앤은 글짓기와 천문을 주제로 자주 특강을 하는데, 남녀노소를 가리지 않고 다양한 청중들에게 큰 호응을 얻고 있다. 그녀의 웹 사이트(http://www.joangalat.com)에 찾아가면 글쓴이에 대한 더 많은 이야기와 어린이를 위한 놀이, 천문학 정보 등을 얻을 수 있다.

그린이 로나 베넷은 캐나다의 앨버타 주 에드먼턴에서 태어났다. 미술대학을 졸업하고, 순수미술뿐 아니라 삽화와 디자인 분야에서 일해 왔다. 그림을 그릴 때에는 잉크와 수채화, 파스텔, 유화물감 등 여러 재료를 즐겨 사용한다. 어린이 그림책과 소설 표지, 멀티미디어를 위한 그림을 그려 왔고, 초등학교에서 그림을 가르치기도 하며, 짬이 날 때마다 산악자전거를 타거나 독서, 요리, 영화 감상, 여행 등을 즐긴다.